知られざる〈学童保育〉の世界

問題だらけの〝社会インフラ〟

萩原和也

寿郎社

はじめに

「学童保育」とはなんでしょう。

多くの人は「親が仕事を終えるまで小学生を預かってくれるところ」と答えることでしょう。学童にかかわる「小一の壁」という言葉を聞いたことがある人もいるかもしれません。「小一の壁」というのは、小学一年生の子どもが学童保育所に入れず、仕事と育児の両立に困ってしまう子育て世帯が増えているという社会問題のことです。

では、ここで私からクイズを出します。

「学童保育は、公式に存在している子育て支援の仕組みである。マルかバツか」

わかりきったことを聞くんじゃないよ、と叱られそうですが、答えは「バツ」です。

「ちょっと待って。私の子どもは学童保育所に通っていました。しかも市が運営している学童でした。存在してないはずがないでしょう?」と言われる方もいると思います。

実は、学童保育という仕組みは日本中いたるところに確かに存在しています。しかし、学童保育という名称での「公式の」あるいは「法的な」子育て支援の制度は日本にはないのです。

仕組みはあって制度はない？　どういうことでしょう。実際、多くの人が学童を利用しているのに。クイズをもう一つ。

「学童保育は、放課後や夏休みなどに子どもを預かってくれる仕組みです。マルかバツか」

マルに決まっている。子どもを預かってくれると市のホームページにも書いてあるし、ニュースなどでもそう言われている――と思われることと思いますが、これも答えは「バツ」です。

いったい何を言っているのか、と思われそうですので解説していきましょう。

学童保育とは何か

メディアを含めて多くの人がイメージする学童保育というのは、児童福祉法で定められている「放課後児童健全育成事業」という制度であることが多いのです。つまり、この法令で「学童保育」という言葉が使われていないので、学童保育は公式には存在していないと言えるのです（ただ、市区町村レベルで制定する要綱などでは「学童保育」が使われることはあります）。少し意地悪なクイズだったかもしれません。

「放課後児童健全育成事業」とは、文字通り、放課後に児童を健全に育成する事業のことで、「子どもが健全に育つために場所を用意して、そこで子どもへの支援・援助を行いますから、子育て中の保護者は、働くなど自分の用事をしているあいだ、子どもをその場所で過ごさせてください」というものです。そして放課後児童健全育成事業を行う場所のことを「放課後児童クラブ」と言います。

ここで大事なことは、放課後児童クラブは、子どもを「預かる」のではなくて、子どもを受け入れているあいだ子どもが健全に育つように「支援・援助をする」ということです。つまり、放課後児童健全育成事業は、結果的に子どもを預かる形にはなっても、子どもを預かることが目的の事業ではないということです。二番目のクイズの答えがバツなのはこのためです。

でも先に言っておきますと、子どもを預かるだけの学童保育所もあります。要するに学童保育所には「放課後児童クラブである学童保育所」と「放課後児童クラブではない学童保育所」があるのです。放課後児童クラブではない学童保育所には、子どもを預かることだけが目的の施設ばかりではなく、学校の成績を上げるための学習に力を入れたり、スポーツやダンス、プログラミングや食育など、各種の子ども向けプログラムを用意しているところもあります。

つまり、学童保育の世界は実のところとても幅の広い世界なのです。学童保育にはなんでもあり、と言っていいかもしれません。

学童用語と本書の目的

この本では、そんな学童保育の問題点や課題を紹介していきます。まずは本書でよく使う言葉について説明しておきましょう（その他の学童用語は九七ページで解説しています）。

学童保育　小学生の子どもを受け入れて過ごさせる事業・制度のこと。「学童」と略すこともありますが、「学童」という言葉は「学童保育」という事業・制度のことを指す場合と、「学童保育所」という施設そのものを指す場合があります。

学童保育所　小学生の子どもが放課後や夏休みなどに過ごす場所のこと。「放課後児童クラブ」と「放課後児童クラブではない学童保育所」の双方の場所を含みます。

放課後児童クラブ　放課後児童健全育成事業を行う制度・施設のこと。「クラブ」と略すことも多い。世間で言うところの学童保育所はおおむねこの放課後児童クラブを指しています。本書で取り上げる学童保育の制度や補助金についての話は放課後児童クラブに関するものです。

さて、現在の学童保育の世界には、利用する側の保護者にも、働いている職員にも、運営している事業者にも、そしてそこで過ごす子どもたちにも――どの立場に立っても悩みや問題がたくさんあります。「小一の壁」をはじめ早急に解決しなければならない問題が山積しています。

私はかつて学童保育所を運営する法人の代表を務めていました。そこでさまざまな問題に突き当たりました。業界全体でそれをなんとかしなければならないとの思いから、「学童保育の運営支援アドバイザー」というコンサルタント事業を始めました。この本は、そんな運営支援アドバイザーが、学童保育の実態や問題・課題を社会に発信するために書いたものです。保護者には学童保育の入門書・利用ガイドとして、学童保育所で働いている人や運営に携わる人には直面する問題や課題の解決の糸口をつかむ参考書として、本書を活用していただければ幸いです。

知られざる〈学童保育〉の世界

問題だらけの〝社会インフラ〟

目次

第2章 正統派学童と学童そっくりさん事業——学童保育の実態 69

第3章　学童の世界が複雑になったわけ——学童保育の歴史

知られざる〈学童保育〉の世界

——問題だらけの〝社会インフラ〟

第1章　小一の壁——学童保育の現実

子どもが小学校の新一年生となって学童保育を利用したいと思ったとき、親はまず市区町村が運営する「学童保育所」（放課後児童クラブ）を探し、申し込みの手続きをしようとします。しかし「学童保育所」はすでに定員がいっぱいで「空きがない」と入所を断られてしまう。育児と仕事を両立させたい親に立ちはだかる「小一の壁」です。国はかれこれ一〇年以上この小一の壁の解消に取り組んでいますが、解消どころか年々その壁は高く厚くなっているようです。

この章では、そんな〝小一の壁問題〟を中心に、学童保育に存在するさまざまな〝壁〟を取り上げます。

1　「小一の壁」とは

「#学童落ちた」

この数年、春になるとSNSで、

「#学童落ちた」

という書き込みを多く見かけるようになりました。このハッシュタグが付いた投稿にはたいてい、次のような書き込みが一緒です。

「一年生の親です。学童に落ちた！　仕事を辞めなければならない！　どうしよう！」

「学童に入れなかった！　仕事を辞めなければならない！　困った！」

「小一の壁をなんとかしてよ！　女性を働かせたいから学童があるんじゃないの！」

SNSで話題になったことから、小一の壁はメディアでも頻繁に取り上げられるようになりました。いずれ子どもが大きくなったら学童保育を利用しようと考えている人や、自分の子どもが近く小学生になる親にとっては気が気でない問題でしょう。「うちの子、学童に入れるのかしら？　入れなかったら、仕事はどうしよう？」と不安を覚えている人が全国に数多くいます。

学童保育の役割

まず学童保育という仕組みについて基本をおさえておくことにします。

学童保育は、子育てをしながら働いたり学校へ行ったり、家族の介護などをしている人が、自宅を留守にしているあいだに、自分の子どもが安全かつ安心して過ごせる場所として誕生しました。その点では、子どもが小学校に入学する前に利用する保育所（保育園）と似ています。

学童保育は、「保護者の就労などを保障する仕組み」であり、「子どもが事件や事故に巻き込まれることなく、家庭に代わる場所で健全に育ちながら安全・安心の中で過ごすことができる(=子どもの最善の利益を保障する)」——という二つの役割を備える子育て支援の制度です。それを行う場所が学童保育所ということになります。親が子育てをしつつ社会的・経済的活動を継続できるようにするのですから、学童保育は「社会インフラ」と言えます。そしてそうした学童保育所で働く人は、流行の言葉で言えば、社会的インフラを支える「エッセンシャルワーカー」ということになります。

社会に欠かせない存在に

学童保育所はもともと、子育て世帯の親が必要に迫られて自ら生み出した仕組みでした。まだ日本に三世代家族や専業主婦のいる家庭が多かった時代——一九八〇年代まで——は、学童保育を利用する人は珍しい存在でした。地域のコミュニティが健全に機能していたその頃は、放課後や夏休みになると地域の子どもたちだけで朝から夕方まで遊んで過ごすのが当たり前でした。当時の子どもたちは、日が暮れるまで学校の校庭や空き地・公園・野原で遊んでいました。

例えば、『ドラえもん』は学童保育所でも大人気の漫画ですが、その連載開始は一九六九年(昭和四四年)。描かれている時代背景は一九六〇年代後半~七〇年代でしょう。ドラえもんの世界に学童保育所は登場しません。同じく国民的人気漫画の『ちびまる子ちゃん』(一九八六年連載開始)。その時代背景も一九七〇年代で、まるちゃんのいる世界にも学童保育は出てきません。

それから十数年を経て、学童保育が広まり、今では社会に欠かせない存在になりました。TBS系列の連続テレビドラマ『不適切にもほどがある!』(二〇二四年一~三月放送)の第二話に、シングルマザーが子どもを保育所に入れようと市役所を訪れるシーンがありますが、市役所の窓口に「学童クラブ受付」と書かれているのが一瞬ですが映っています。

現在、日本の世帯の七割超が共働き世帯です。核家族化が極限まで進み、共働き世帯が多数になったこと、かつてよりも親や社会が子どもの安全な過ごし方に意識が向くようになったことで、子どもを学童保育所に入れたいと考える人が増えました。ところが、学童保育の必要性は高くなっているにもかかわらず、入所を希望する子どもを受け入れるだけの施設の整備が追いついていません。結果として、保育所を卒所して新一年生となった子どもたちが学童保育所に入れない状態が毎年のように生じています。これが「待機児童」であり「小一の壁」です。

増え続ける待機児童

小一の壁の問題をさらに詳しく見ていきましょう。

学童保育所の入所を希望しながら入所できなかった小学一年生の人数から「小一の壁の深刻度」を数値化することができます。

国は毎年五月一日時点の全国の「放課後児童クラブ」の実施状況（クラブ数・入所児童数・待機児童数など）を調査して公表しています。二〇二一年（令和三年）～二〇二三年（令和五年）の待機児童数を**表1**に示しました。こども家庭庁の発表によると、全国の放課後児童クラブの待機児童数は二〇二一年が一万三四一六人、二〇二二年が一万五一八〇人、二〇二三年が一万六二七六人です。前年に比べて二〇二二年は一七六四人、二〇二三年は一〇九六人も増えました。

表１　待機児童数

「単位数」以外は（人）
「単位」については99ページ参照

	待機児童数	登録児童数	単位数	小学１年生	小学４年生
2021年（令和３年）	13,416	1,348,275	35,398	2,009	3,786
2022年（令和４年）	15,180	1,392,158	36,209	2,117	4,556
2023年（令和５年）	16,276	1,457,384	37,034	2,411	5,044

※2021、2022年は厚生労働省調べ。2023年はこども家庭庁調べ

このうち、小学一年生の待機児童は、二〇二二年は前年より一〇八人の増加、二〇二三年は前年より二九四人の増加でした。小一の壁は二〇二三年春にいっそう険しくなったことがわかります。

国の実施状況の調査では、都道府県別の待機児童数もわかります。待機児童数が四〇〇人を超える都道府県を表2にまとめました。大都市がある地域に待機児童が多いことがわかりますが、福島県や山口県といった比較的人口が少ない地域でも四〇〇人を超えているのですから、必ずしも人口に比例しているわけでもないことがうかがえます。

ここで、「こども家庭庁」と「厚生労働省（厚労省）」という学童保育にかかわる二つの国の組織について説明しておきましょう。

厚生労働省からこども家庭庁へ

放課後児童健全育成事業は「児童福祉法」という法律で定められています。児童福祉法は厚労省が所管していますので、放課後児童クラブは長らく厚労省が担当していました。ところが、二〇二三年（令和五年）四月一日にこども家庭庁が発足しました。こども家庭庁はホームページで、「こどもがまんなかの社会を実現するためにこどもの視点に立って意見を聴き、こどもにとっていちばんの利益を考え、こどもと家庭の、福祉

や健康の向上を支援し、こどもの権利を守るためのこども政策に強力なリーダーシップをもって取り組みます」

と設置の目的を掲げています。学童保育は子どもと家庭にかかわることですから、学童保育もこども家庭庁の担当（所管）になりました。かつては厚労省の担当だった保育所や認定こども園・児童館もこども家庭庁の担当に移管しています。先に挙げた放課後児童クラブの実施状況の調査もこれまでは厚労省が行っていましたが、二〇二三年以降はこども家庭庁が引き継いで行っています。

厚生労働省・こども家庭庁の調査によると、放課後児童クラブの待機児童数は基本的にはずっと右肩上がりで増えていますが、二〇二一年（令和三年）だけは待機児童数が一万三四一六人で、前年から二五七九人の減少でした。これは新型コロナウイルスの流行による在宅勤務者の増加の影響と考えられています。そのように何らかの特別な事情で待機児童数が減ることがあっても、それは一時的なもので、年々待機児童が増えていることに変わりはありません。

一万六〇〇〇人を超える膨大な待機児童数。その人数分だけ日本各地で学童保育所の利用ができずに頭を抱える子育て世帯の悲劇が生まれているのです。しかもこの待機児童数はあくまでも最小値であって、実際の待機児童数はさらに多いと考えられます。待機児童数を数える仕

表２　都道府県別待機児童数（人）

東京都	3,524
埼玉県	1,881
千葉県	1,227
沖縄県	1,076
兵庫県	992
神奈川県	813
静岡県	674
愛知県	570
山口県	483
大阪府	472
福島県	450
福岡県	441

※こども家庭庁ホームページより抜粋

組みには次のようなカラクリがあるからです。

こども家庭庁の調査結果の発表には待機児童数について、

「調査日時点において、放課後児童クラブの対象児童で、利用申し込みをしたが利用(登録)できなかった児童の数」

という注釈がついています。つまり「地元の学童保育所はもう人数がいっぱいらしい。申し込みをしてもどうせ入れないだろう」と、入所をあきらめて入所申請を行わなかった世帯の子どもの人数は含まれていないということです。

さらに、市区町村が運営している学童保育所に入所させたくても人数がいっぱいなので民間事業者が運営している学童保育所に入所を申請したが、そこにも入れなかった——という子どもの数もこの待機児童数には含まれていません。

つまり、国の調査結果の数字以上に、表面化しない「隠れ待機児童」や「隠れ小一の壁」が存在しているのです。学童保育所を泣く泣くあきらめた子育て世帯の苦しみは数字に表れてこないのです。

より深刻な「小四の壁」

学童保育所の受け入れ人数の少なさは、小一の壁以外に〝別の壁〟を作っています。それは「小四の壁」と言われる現象です。この言葉も最近メディアで取り上げられることが増えてきました。小学四年生になると学童保育を利用できなくなる場合がかなり多いのです。表1に、小学四年生の待機児童数も示しておきました。二〇二二年・二〇二三年と小学一年生の二倍以上の小学四年生が待機児童となっていることがわかります。小一の壁より小四の壁のほうが実は深刻だと言えます。

放課後児童クラブの対象は小学生とされています。児童福祉法もその対象として、「小学校に就学している児童であって、その保護者が労働等により昼間家庭にいないもの」と明記しています。二〇一二年（平成二四年）に児童福祉法が改正されるまで、放課後児童クラブはおおむね一〇歳までが対象とされていたので、今でもまだ「学童は小学三年生が終わるまで」と思っている人がいますし、そのような方針でクラブを運営している市区町村もあるようです。もちろん市区町村や学童保育運営事業者の判断で、小学六年生まで利用可能としている学童保育所は以前から多数ありました。

小学四年生でも、自宅で一人で留守番をさせるにはまだまだ不安があるという家庭は多いのです。ましてひとりっ子が当たり前の少子化の時代、自宅で子どもがひとりぼっちになる時間はかなりあります。また、防犯面での不安に加え、親が帰宅するまで宿題もしないで家でゲーム三昧なら学童に入れて宿題をする時間を確保できるほうがよいと考える保護者も少なからずいます。

ところが、待機児童が常に発生している地域では、小学三年生・四年生にもなると、「新一年生を入れる枠を増やしたいから」と事実上の「退所」を迫られることがあります。

例えば、学童保育の世界では高水準の事業運営を行っていることで〝学童保育の理想郷〟と言われている東京都文京区では、最近の人口増の影響で、学童保育所（文京区では「育成室」と呼称）は特に事情がある場合を除いて事実上小学四年生までの利用となっています（その後は別の施設を利用）。そのような地域は文京区以外にもかなりあるようです。もっとも、二〇二四年以降、文京区は児童クラブを多数整備する方針を打ち出していますから状況は変わる可能性があります。

このように「小一の壁」に加えて「小四の壁」によって、形式上は自主的に学童保育所(クラブ)を退所した子どもたち——つまり、本来なら学童保育の利用を続けたいのに事実上クラブを追い出されてしまった子どもたちの人数もまた待機児童数には含まれていません。小学一年生に限らず、小学生の学童保育の待機児童数は国が調べた結果よりもずっと多いのです。

2　小一の壁がもたらす悲劇

仕事を辞めざるを得ない人々

ＳＮＳ上で見かける小一の壁に関する投稿は、それぞれに悲劇的です。

「子どもが学童に入れなかった。正規の仕事を辞めざるを得なくなった。生活が成り立たない」

「公営学童に入れなかった。民間学童は毎月五万円もする。留守番の練習をさせるしかない」

「国は子育て支援をすると言うけれど、何もしていない」

「子育て中の人も働いて経済を回すんじゃなかったの？　学童に入れなかったらそんなの無理！」

小一の壁のために子どもが学童保育所に入れなかった場合、親——たいていが母親——は働き方を変えることを余儀なくされます。子どもが下校して帰宅する頃に自分も仕事を終えて帰宅できるようにするには、それまでの正規職での仕事では困難です。そのため、「仕事を辞めて家にいるようにする」か「正規職ではなくパートに転職して早く帰宅するようにする」かの選択を迫られることになります。

一九六〇年代から七〇年代には「カギっ子」という言葉がありました。子どもが自分でドアのカギを開けて家に入り、親の帰宅を待つ子どものことです。核家族が普通になっていった時代、そうした子どもは珍しくありませんでした。しかし、当時はまだまだ地域のコミュニティが健在だったので、地域住民が子どもたちをみんなで見守ることができたのです。しかし今はどうでしょうか。隣の家の子どもが何をしているか、まったくわからない。近所づきあいもない。ヨソの家庭に興味も関心もない――そうした住民で成り立つ地域がほとんどです。

そんな時代ですから、現在子育て中の親は、ことに防犯面を懸念して、少なくとも小学校低学年のうちは子どもだけで留守番をさせたくないと思っています。親の勤務先に育児期間中の時短勤務などの子育て支援制度が充実していれば、それを活用して家に早く帰ることができて、かつ正規の職も続けることができるでしょう。しかし、大企業であればともかく、日本の企業の九九パーセントは中小企業ですから、勤務先で育児期間中の時短勤務を制度化しているところは少ないでしょう。小一の壁に直面した多くの親(母親)は正規職や無期雇用のフルタイムの仕事をあきらめ、子どもだけで過ごすことに不安がなくなるまでは、勤務時間が短い非正規雇用の仕事を選ばざるを得なくなります。

今の日本社会は、いったん正規職から離れると、後日再び正規職に戻りたくても戻れないというのが現実です。子育てを終えてから正規職の仕事を探しても、正規職で得られたような待遇の職種にはなかなかつけず、派遣社員や契約社員などの形態で働くことを余儀なくされています。

つまり、小一の壁は、女性に「キャリアの断絶を余儀なくさせる」という、職業人としての能力発揮の機会が失われる問題としても捉えることができます。キャリアの断絶――とりわけ育児期間終了後の復職が派遣社員や契約社員などになる場合は、確実に収入の減少を招きます。

また、企業にとっても、有能な人材がキャリアの中断を余儀なくされるということは、期待していた戦力のダウン、人材育成に費やしたコストの損失などにつながり、よいことは一つもないでしょう。

まとめると、小一の壁は次の三つの不利益をもたらすことになります。

・保護者が離職を迫られ、キャリアの断絶を招く職業人としての不利益と、それに伴う家計収入減少の不利益
・学童保育という公共の児童福祉サービスを享受できなかった児童が被る不利益
・有能な人材が育児を理由に離職することによる企業活動への不利益、ひいては社会の経済活動における不利益

どれも深刻な問題です。小一の壁は、ただちに解消されなければなりません。

待機児童解消のための施策――「新・放課後子ども総合プラン」

小一の壁が存在する理由は単純です。「学童保育所を必要とする子どもの人数」が、「学童保育所等で受け入れることができる人数」よりも多いからです。

「毎年のように待機児童が出ているのだから学童保育所をもっと増やせばいいじゃないか」と多くの人が思うでしょう。私もそう思います。

学童保育所(厳密には「放課後児童クラブ」)は、市区町村が行える事業と法律で定められています。その整備は市区町村の責任ですから、小一の壁解消には自治体のさらなる努力が必要です。政府も待機

児童を解消するための努力をしてはいますが、現実に日本各地で年々待機児童が増加している以上、もっと速やかに子どもの受け入れ施設を増やすための効果的な施策と強い指示を市区町村に出し続けなければなりません。

ここで国による待機児童解消のための施策を少し見ておきましょう。

国は子どもの居場所となる施設を増やす計画を立て、全国に施設整備を呼びかけています。「子どもの居場所となる施設を増やす計画」とは「新・放課後子ども総合プラン」のことです。このプランは二〇一八年(平成三〇年)九月に、文部科学省と厚生労働省が連名で全国に通知しました。二〇一九年(平成三一年)度から二〇二三年(令和五年)度までの五年間で、約一二二万人から約一五二万人まで学童の受け入れ人数を増やす——という計画です。つまり新たに約三〇万人の子どもの受け入れ施設を整備するという内容です。

しかし残念ながら、この目標は二〇二三年度早々に達成できないことが明らかになりました。六月二八日に、東京都内の学童保育所を視察した小倉将信・こども政策担当大臣(当時)が、「プラン達成は厳しい状況」と語ったのです。

達成が不可能になったのは、やはり学童保育所への入所を必要とする子どもがどんどん増えており、施設整備のペースが追いつかなかったためだそうです。もう一度二二ページの**表1**を見てください。「登録児童数」が放課後児童クラブの入所児童数です。二〇二三年は一四五万七三八四人で、前年より六万五二二六人も増えています。二〇二二年と二〇二一年を比べると、増加は四万三八八三人でした。施設で受け入れられる人数も増えたということですが、入所できなかった待機児童数もまた増えています。少子化の時代であっても、学童保育のニーズがどんどん高まっていることが数字上でも一目瞭然です。

入所児童が増え続けるカラクリ

いま、日本では小学校のクラス数が減ったり、学校そのものが閉校したり、あるいは地域の若者が減ったためにお祭りができなくなったりするなど、少子化によるさまざまな影響が各地で出ています。それなのに、どうして学童保育所は入所児童数が増えていくのでしょうか。

文科省の調べによると、二〇二三年(令和五年)の速報値で全国の小学校の児童数は六〇五万人でした。前年度より一〇万一〇〇〇人も減少しています。二〇二二年度(令和四年度)は六一五万一〇〇〇人で、前年度より七万二〇〇〇人減少しています。

一方、学童保育の登録児童数は二〇二三年が約一四六万人。前年の二〇二二年は約一三九万人です。小学校の人数に対する学童保育所の登録児童数の割合は、二〇二三年が二三・八八パーセント、二〇二二年が二二・六三パーセントでした。一パーセント以上増えています。「たった一パーセント」と思わないでください。六〇〇万人の一パーセントは六万人です。一つの学童保育所に四〇人が入所するとして、入所者が六万人増えたら学童保育所は一五〇〇カ所も増やさねばなりません。実際、二〇二三年は前年より六万人、学童の入所児童数が増えたのです。

例えば、児童数一〇〇〇人の小学校があるとします。そのうち二〇パーセントの子ども(二〇〇人)が学童保育所に入所しています。翌年は少子化の影響で児童数が九五〇人の小学校になりました。学童保育所へのニーズ増を加味して二二パーセントの子どもが学童保育所に入所を希望する場合、学童保育に入る子どもは二〇九人になります。前年より九人増えました。児童数が減っても、学童保育を利用したいという子育て世帯がほんの少し増えれば、学童保育所はすぐに満杯になってしまうのです。

共働き世帯は二〇〇〇年（平成一二年）から増加を続けていて、現在では約一二〇〇万世帯と言われています。一方、専業主婦の世帯は六〇〇万とされています。少子化が進行しても、働く保護者が増えれば学童保育所を必要とする世帯が増えるのは当然です。その増加の割合がたった一パーセントであったとしても、学童保育を必要とする人は数万人増加するのです。すでに待機児童対策として限界を超えて子どもを受け入れている学童保育所は多く、これ以上の入所希望者数の増加に対応する余裕はありません。

保護者が学童保育所を必要とする理由

保護者が学童保育所を必要とする理由はいくつかあります。古いデータですが、二〇一八年（平成三〇年）度に厚労省が取りまとめた調査では、「放課後に子どもの面倒を見られないため」という理由が全体の約九〇パーセントと圧倒的多数でした。次いで「夏休み期間等の長期休業期間中の利用ができる」が約四七パーセントとなっています。

私も、学童保育の事業運営を手がけてきた中で、保護者がどうして学童保育を利用したいかを聞いてきましたが、右の調査結果と同様の感触を得ています。「留守番が不安」――それも「夏休みなど学校の長期休業期間中の留守番が不安」が学童保育所に入所を求める最も強い理由だということを多くの保護者から聞いてきました。また、「家にずっといるとゲームばかりしてしまいそう」という理由もよく耳にしました。「下校時にひとりで歩いて帰宅するときが不安」「きょうだいがいないので、学童保育所で多くの子どもたちと一緒に過ごさせたい」という理由も聞いたこともあります。加えて、子どもを狙った残忍な事件や事故の報道があったり、大きな地震や災害があったりすると、学童保育所への入所希望は増える傾向が見られます。

また、実のところ、具体的な理由はなくても「小学校に入るまでは保育所にいた。小学校に入ったら次は学童保育所に入る」と当たり前に思う意識――学童保育は保護者が働いている世帯の子どもが当然、利用するサービスという意識――がここ二〇年ほどで根付いたのだとも私は思っています。

こうなると、今後も学童保育所への入所ニーズはそう簡単には減らないでしょう。しかし年々、学童保育所を利用する子どもの人数が増えているにもかかわらず、そして国も学童保育所を増やすための努力をしているにもかかわらず、学童保育所の数はなかなか増えません。なぜでしょうか。

なかなか増えない学童保育所

学童保育所がなかなか増えない理由の一つは、国が掲げる「新・放課後子ども総合プラン」の内容に問題があったからだと私は思います。

このプランは、学校施設の徹底的な活用を目指し、新たに開設される放課後児童クラブの約八〇パーセントを小学校内で実施することを掲げています。つまり、小学校側に「子どもの居場所のために使う場所を提供してほしい」というのです。

これに対して小学校側は、特に現場の校長が「子どもの人数が増える可能性があるから、学童保育のために提供する場所（＝余裕教室）はありません」と難色を示すことが多いのです。学童保育所への入所ニーズが強い地域は当然、小学校に入学する児童数も多いので、校長の立場では、「教室が足りなくなる！」という最悪の事態を避けるための予防線として「余裕教室はない」と言います。

国が行った「令和四年度子ども・子育て支援推進調査研究事業」のうち、「放課後児童クラブの待機児童対策に関する調査研究」の結果が、調査を手がけたみずほリサーチ＆テクノロジーズ社から公表されています。これは、全国の一七四一自治体を対象に、放課後児童クラブの待機児童をめぐる状況について調べたものです。有効回答数は八九九で、五一・六パーセントとなっています。この報告書の五ページ目に、「放課後児童クラブの待機児童対策にあたり、各自治体が抱える課題について」として、

「小学校内での放課後児童クラブ設置においては、小学校との情報共有、議論が不可欠であるが、教育委員会等、所管課が異なることにより調整が難しい」

という報告がされています。

つまり、「縦割り行政」の弊害ということを言っているのですが、実はそれほど単純な話でもありません。学童保育を担当する役所の部署は市区町村ごとにバラバラです。すべてが福祉の担当というわけでも、教育委員会というわけでもありません。そこに、さらに小学校の施設利用について影響力を持つ校長が加われば、小学校内に学童保育の施設を作ろうにも「検討」「調整」ばかりで、話がまとまるわけがないのです。

国の〝机上のプラン〟では小学校内に学童施設を作れば万事うまくいくということですが、現場レベルでは「下校時の学童在籍児童の登所ルートや避難経路の確保」から「利用するトイレ、手洗い場の備品（石鹸やトイレットペーパー）の予算配分」、「共用部分の照明や備品の費用負担割合」、「教職員退勤後に起こった学童在籍児童の急なけがなど緊急事態への対応」ほか、調整をしなければならない事項は山ほどあります。特に、管轄する役所の部署が一律ではないため、予算の負担割合の取り決めなど手のかかる仕事が多くあります。それらの苦労を現場側は身に染みてわかっているために、国や中央省庁がいくら旗を振っても、市区町村レベルでは「そんな簡単に事は進まないよ！」という思いにとらわれるのです。国はもう少し現場の担当者（行政担当者）への配慮が必要だと私は思います。

また、全国的に進行する少子化傾向も、市区町村が行う学童保育所の整備を進める投資を及び腰にさせています。「子どもが減ったら使わなくなる施設だから、予算は投入できない」という意識が行政にはあるのです。いま、全国の市区町村の多くが厳しい財政状況に置かれており、学童保育所は「将来的に使い道がなくなる施設」「一度設置すると、固定経費（経常的経費）が継続的に必要となる施設」としてとらえられ、施設整備に二の足を踏まれてしまうのです。

こども家庭庁と文科省による「放課後児童対策パッケージ」

国（こども家庭庁）も当然、そのような状況を理解しています。二〇二三年（令和五年）七月二八日に、こども家庭庁は文部科学省と「放課後児童対策に関する二省庁会議」を開催しました。会議では、現場のニーズに対して継続的に助言・指導することや、送迎サービスの活用、多彩な居場所づくりの充実を打ち出しました。そして同年一二月二五日に、こども家庭庁と文科省は連名で「放課後児童対策パッケージ」（以下「パッケージ」と表記）を公表し、待機児童解消に集中的に取り組むよう、都道府県と市区町村に通知しました。余裕教室活用がなかなか進まないことから、学校外における施設の整備推進を新たに掲げたことが目新しいところです。このパッケージをもって当面、国は引き続き小学校の余裕教室の活用を推進して待機児童の解消に取り組む構えです。しかし小一の壁は、こうして国や市区町村が学童保育所の整備にもたついているうちにさらに深刻になっています。

学童で働く人が足りていない

学童保育所がなかなか増えない理由は、市区町村による学童保育の整備が思うように進んでいないことの他にもう一つ大きな理由があります。それは学童保育所で働く人が足りていないということです。学童保育所を新たに作ったはいいが、そこで働く人が足りなくては事業が実施できません。先述の「放課後児童クラブの待機児童対策に関する調査研究」でも、待機児童対策に関する自治体の課題として、「運営形態にかかわらず、慢性的な放課後児童支援員等の人材不足により、放課後児童クラブの数を増やせない」と報告されています。要は、小学校の施設を活用して新たに学童保育所を整備したとしても、働いてくれる人がなかなか見つからないということです。既存の学童保育所においてすでに人手不足である場合、新たに施設を増やそうと市区町村は考えないでしょう。パッケージではこの点についても触れてテコ入れをしていますが、遅きに失した感はあります。

小一の壁は学童保育所の不足が最大の原因ですが、背景にある「学童保育所で働く人が足りていない」という現実の解消に、国や行政が真剣に取り組んできたとは私には思えません。人手不足は福祉の世界すべてに共通する問題ですが、その中でもとりわけ厳しい人手不足状態に置かれているのが学童保育の世界なのです。学童保育における深刻な人手不足については章を改めて取り上げます。

3　学童保育の〝壁〟の増加

新たな三つの壁の登場

この一年で、小一の壁をめぐる報道に気になる変化がありました。

私は学童保育業界に転身するまで報道の世界にいましたから学童関連の報道には敏感です。気になる変化というのは、二〇二三年(令和五年)春からの小一の壁に関する報道で〝新たな壁〟が追加されていたことです。しかも三つ。それは次のようなものです。

一つ目は〝受け入れ時間の壁〟

二つ目は〝夏休みの壁〟

三つ目は〝お弁当の壁〟

この三つの壁も、小一の壁・小四の壁とともに、学童保育所の利用を妨げる要因としてメディアに取り上げられるようになってきたのです。「学童保育所の児童受け入れ時間帯」「夏休みの間の子どもの居場所」「保護者のお弁当作りの負担」ということです。

実はこの三つは、学童保育の世界では古くから取りざたされてきた問題です。子どもが学童保育所に入所したあとに保護者がこの三つの壁に突き当たり、愕然《がくぜん》として、その改善を求めて声を上げることがありました(が、さして改善することなく今に至っています)。そのことがようやく新たな(?)〝壁〟として取り上げられるようになりました。学童保育所の使い勝手が保護者のワークライフバランスに影響することが広く意識されるようになり、かつ重要な問題として認識されるようになったのです。

今までは学童保育所に入所さえできれば良かった。しかしこれからは、個々の子育て世帯のライフスタイルの質を維持できる学童保育所の利用方法が重要視され、学童保育所の運営方針も併せて問われるようになった——ということだと私は思います。これは決して保護者のわがままではありません。利用者かつ納税者たる保護者からすれば当然の要望であり、学童保育所への期待だと前向きに受け止めるべきだと私は考えています。これらの壁についても考えていきましょう。

午後六時の閉所時間

〝受け入れ時間の壁〟は、次の二つの点から成り立っています。

一つ目は、学童保育所が閉所する時刻の問題です。保護者が退勤して子どもを学童保育所に迎えに行ける時刻よりも、学童保育所の閉所時刻のほうが早い施設が少なからずあります。これでは保護者は勤務形態の調整を余儀なくされます。勤め先を退勤してから学童保育所へ迎えに行くまでに時間がかかる——つまり通勤時間が長い、居住地と勤務地が離れている——大都市の周辺部に多い問題かと思われがちですが、必ずしもそうではありません。勤務先が近いであろう大都市の中心部に立地している学童保育所であっても閉所時刻が早いため、保護者が迎えに行けないということは起こるのです。

例えば東京二三区内の学童保育所でも、午後六時が基本の閉所時刻というところが少なくありません。保護者は仕方なく、延長料金を支払って午後六時半や午後七時まで子どもを受け入れてもらうことになります。大都市の学童保育所の閉所時間の早さには「勤務地から近いから、すぐに迎えに来られるはず」という運営事業者側の考え方が根底にあるのでしょう。

先に触れたこども家庭庁による放課後児童健全育成事業(放課後児童クラブ)の実施状況では、閉所時刻も調査をしています。

表3に開所・閉所時刻の状況をまとめました。二〇二三年において、平日に開所している放課後児童クラブ二万五八〇七クラブのうち午後六時までに閉所するクラブは四六二六クラブで、全体の一七・九パーセントです。午後六時から同六時半までに閉所するクラブは五五五六クラブ、全体の二一・五パーセントとなっています。

つまり、午後六時半までに日本全体で三九・四パーセント、実に約四割のクラブが閉所します。その時間までに保護者は子どもを迎えに行かなければなりません。ちなみに、午後六時半から午後七時までの間に閉所するクラブは一万三七五五クラブで、全体の五三・三パーセントと多数派です。午後七時を超えて開所しているクラブはわずか一八七〇クラブで、全体の七・二パーセントにすぎません。

比較的遅い閉所時間である午後六時半から午後七時までに閉所するクラブが半数を超えていますが、それでもまだまだ多くの子育て世帯のニーズを満たすまでには至っていません。なお、クラブ数の合計が二〇二三年は前年・前々年より減少していますが、これは調査に応じた一部市区町村が、「支援の単位数」を「クラブ数」に誤って計上していたことを修正したことによる変化です。「支援の単位」については第4章で詳述します。

午前八時の開所時間

受け入れ時間の壁の二つ目の点は、朝の受け入れ時間、つまり開所時刻の問題です。これにも二種類あります。「夏休みなど長期休業期間の学童保育所の開所時刻の問題」と「小学校登校日の朝の子どもの居場所の問題」です。

夏休みなど長期休業期間の開所時刻は、学童業界の中では前々から解消を求められている課題なので、小学校の普段の登校時刻と合わせる形で開所時刻を決める学童保育所が徐々に増えてはいます。ただ、職員の勤務形態との兼ね合いで、閉所時刻の問題よりも学童保育所側の対応が遅れているのが実状です。

開所時刻についてもこども家庭庁の調査が行われています。これも表3に示し

表3　開所時刻・閉所時刻別
放課後児童クラブ数

平日の閉所時刻	2023年	2022年	2021年
17:00まで	82 (0.3%)	97 (0.4%)	94 (0.3%)
17:01 ～ 18:00	4,544 (17.6%)	4,585 (17.2%)	5,061 (18.8%)
18:01 ～ 18:30	5,556 (21.5%)	5,782 (21.7%)	5,707 (21.2%)
18:31 ～ 19:00	13,755 (53.3%)	14,174 (53.1%)	13,934 (51.8%)
19:01以降	1,870 (7.2%)	2,042 (7.7%)	2,124 (7.9%)
クラブ数の合計	25,807 (100%)	26,680 (100%)	26,920 (100%)

長期休暇時の開所時刻	2023年	2022年	2021年
6:59以前	20 (0.1%)	15 (0.1%)	18 (0.1%)
7:00 ～ 7:59	9,221 (35.9%)	9,441 (35.6%)	9,221 (34.4%)
8:00 ～ 8:59	16,062 (62.6%)	16,746 (63.1%)	17,179 (64.1%)
9:00 ～ 9:59	290 (1.1%)	287 (1.1%)	312 (1.2%)
10:00以降	69 (0.3%)	59 (0.2%)	67 (0.3%)
クラブ数の合計	25,662 (100%)	26,548 (100%)	26,797 (100%)

※2023年は子ども家庭庁、2022、2021年は厚生労働省調べ。
長期休暇時のクラブ数には長期休暇時のみ開所のクラブを含む

ました。

午前七時より前に開所するクラブはわずか二〇クラブしかありません。全体の〇・一パーセントです。午前七時から午前八時までに開所するクラブは九二二一クラブあり、三五・九パーセントと増加しています。最も多いのは午前八時から午前九時までに開所するクラブで、一万六〇六二クラブと、全体の六二・六パーセントを占めています。これは午前八時開所のクラブが多いからでしょう。

「保育所は朝七時から開いているのに、学童が朝八時からでは出勤時刻に間に合わない！」

「せめて、普段の登校時刻と同じ時間帯に開所してほしい」

これは、夏休みや冬休み、春休みの期間に学童保育所を利用する保護者(私もその一人でした)を深刻に悩ませている問題です。徐々に開所時刻の前倒しは進んではいますが、まだまだ午前八時からというところが多い。朝三〇分の前倒しであっても、学童保育の運営事業者にとっては、職員の確保や人件費の点から、直ちに対応できる問題ではないのです。

小学校登校日の朝の子どもの居場所の問題

後者の「小学校登校日の朝の子どもの居場所の問題」というのは、学童保育の世界では現時点で全くと言っていいほど対応されていない難問です。実際、登校日における早朝の受け入れを行っている学童保育所は全国でも極めて少ないと思います。

これは、職員の確保が極めて難しいことと、開所にかかわる経費については補助金の対象とならないことから、事業として成り立たないからです。仮に登校日の早朝受け入れを行うとしたらその経費は利用者の実費負担とならざるを得ないでしょう。その負担額はかなりの高額になる可能性がありま す。

しかしそれでも小学校登校日の早朝に子どもを受け入れている自治体があります。テレビのニュースにもなったことがありますが、神奈川県大磯町です。

大磯町では「朝の子どもの居場所づくり事業」として、午前七時一五分から登校開始時刻まで無料で子どもを受け入れています。大磯町のホームページには、

「お子様をお預かりする事業(保育)ではありません。地域の皆さんにご協力いただき、小学校始業前に安心・安全な居場所を提供する事業です」

と書かれており、放課後児童クラブとしての受け入れではなく、子どもの居場所を便宜的に用意していると説明しています。保護者にとってはそれだけでもとても安心できます。

今後は、こうした早朝受け入れの取り組みが増えていけばいいと思いますが、人件費や水道光熱費などの開所経費の補助が出るかどうかで実施数は左右されるでしょう。また、大磯町は朝の子どもの居場所づくり事業の従事者をボランティアで対応しているようです。本来であれば正規の職員が勤務する正式な事業として実施されることが望ましいので、国や市区町村がどのように早朝受け入れニーズへの対応を捉えていくか、今後の展開に注目したいところです。

なお、この閉所と開所の時刻の問題は、新一年生の保護者だけが悩まされる壁ではありません。すでに学童保育所を利用している保護者にとっても同じような壁として存在しています。言うなれば「小一の壁」ではなく「全ての学童保護者の壁」なのです。

夏休みにも小一の壁

私は学童保育運営支援アドバイザーとして二〇二三年（令和五年）の夏、いくつかのメディアから取材を受けました。取材内容はいずれも「夏休みの小一の壁について、背景と解消法についてコメントしてください」というものでした。「夏休みにおける小一の壁」がメディアで取り上げられるようになったのは二〇二三年が初めてだと私は思います。ただ、この問題も学童保育所運営事業者であれば以前から頭を悩ませてきた問題です。

四月から学童保育所に子どもを入所させたいと考えている保護者の多くが「夏休みのあいだの子どもの留守番を回避したい」と考えていることを学童保育所の運営事業者は知っています。「夏休みのあいだだけ、子どもを預かってくれればいいのに」と話す保護者は今も昔も大勢います。例年、夏休みの前の六〜七月になると、四月入所ができなかった世帯に加え、それまで学童保育所が不要だった一年生以外の世帯も「夏休みだけは学童保育所を利用したい」「学童に入れますか？」と問い合わせをしてくるのです。

ところが、夏休み前の入所は、特別に入所枠を設定している市区町村も多数ありますが、全体的に見ると受け入れはかなり困難です。そもそも子どもを学童保育所に入所させている世帯が、夏休みのあいだの学童保育所の利用も強く求めているからです。夏休みが終わって一部の子どもが学童保育所を退所するまでは——特に待機児童を出している地域の学童保育所は——入所上限数（定員）を超える超過密状態（＝大規模学童状態）の場合が多く、さらに子どもを受け入れる余裕がありません。

よって、夏休みになるまでに上級生が退所したり入所者が引っ越ししたりしても、もともと定員オーバー状態ですから新規入所させることが難しいのです。つまり、「待機児童が出ている」=「小一の壁がある」地域の学童保育所は、夏休み前に「空き」が出ることは期待できません。小一の壁がない地域では四月入所さえできれば夏休みの壁はクリアできます。ただし、待機児童が出ていない地域であっても、四月入所でなくても夏休み期間だけ利用できればいいと考えている子育て世帯が、必ず入れるとは言えません。同じように考えている世帯がたくさんあるので、選考に落ちてしまう可能性があるのです。夏休みだけ学童に入れるかどうか――それは「運任せ」になります。

ちなみに夏休みが終われば「夏休みニーズ」を満たした世帯が子どもを退所させることで受け入れ人数の空きが生じる可能性があり、そこで入所ができる可能性はありますが、肝心な夏休みニーズは満たせません。必要なときには学童保育所の利用ができないということになります。

私が受けた取材では「夏休みに入れなかった場合の対応策」を尋ねられました。残念ながら対応策は多くありません。夏休みが心配と思う子育て世帯は、なんとしても四月入所を実現させておく必要があります。それは新一年生でなくても同様です。七月に入所できる可能性より四月入所の可能性のほうがまだ高いでしょう。そして毎月、学童保育所の空き状況を確認し、早め早めの入所申請をすることです。「備えあれば憂いなし」が学童保育ではとても大切なのです。

夏休み入所の代わりに

夏休み前の入所が叶わなかった場合は、子どもが過ごせるほかの居場所を探す――例えば児童館・図書館。あるいは事前の手続きが必要ですが、子育ての援助を受けたい人と援助したい人から成る市区町村の「ファミリーサポート事業」を利用する……。「夏休みに入れなかった場合の対応策」を記者から尋ねられた私には、それくらいしか代替案は思い当たりませんでした。

夏休みの学童保育所の利用ニーズが高いことを学童保育の関係者が知っているのなら、なぜその解消に向けて動かないのかと多くの人が思うでしょう。私もそう思いますが現実的にとても難しいのです。

実は、夏休みなど長期休業中に放課後児童クラブを臨時に設置できるような国の補助金制度があります。しかし、数カ月の開所期間であっても、補助金の交付を受けるためには、通年開所と同じ設備や人員配置が必要となり、当然ながら高額の経費がかかります。短期間だけ借りられるという施設はなかなかありませんし、夏休み・冬休み・春休みだけ使用するために施設を通年で確保することは、できないでしょう。さらに人件費の問題もあります。短期間だけフルタイムで働いてくれる職員を確保することは極めて困難です。高くつく運営経費分をそのまま保護者に求めることにも限度があります。

さらに、表に出てこない事情として、夏休み期間など短期間の子ども受け入れに消極的な運営事業者側の方針も影響していると私は考えています。学童保育所のうち主に市区町村が運営する「放課後児童クラブ」は、子どもの成長を支援・援助する「育成支援」(この言葉については第2章で説明します)を事業の中核としています。育成支援は学童保育の職員と子どもとの関係性の上に成り立つものなので、夏休み期間限定など短期間の子どもの受け入れではその関係性が構築しづらく、結果的に「預かり」に終始してしまうというのが運営事業者側の考え方なのです。育成支援を掲げている学童保育所の運営事業者や育成支援に熱心な現場職員ほど、夏休みなど短期間での子どもの受け入れに否定的になるのです。

短期間入所の子ども同士の関係悪化

また、短期間の子どもの受け入れで実務的に現場の職員が困る点もあります。短期間入所の子どもたちが増えると、子どもたちが落ち着かなくなり、その関係性が悪くなりがちで職員を悩ませます。「学校で同じクラスだから仲良くなる」ということはありません。学校と、長時間自分を表に出して過ごせる学童保育所という場所では、子ども同士の人間関係は変化します。関係性が構築されていない状況では子ども同士のけんかやトラブルが増え、職員がその対応に追われます。よって、学童保育の運営事業者側が現場職員に「夏休みだけ追加で入所させたいが、余裕はあるか?」と尋ねた場合、実は少し余裕があっても「無理です」と拒む職員が少なからずいます。

これらの事情があったりして、学童保育所では夏休みなどの小学校休業期間中の子どもの受け入れがなかなか進んでいません。つまり「夏休みの壁」が解消されません。昔も今も、夏休みが迫ると、子どもの居場所に頭を抱える子育て世帯が確実にいるのです。

ただ、最近、こうした夏休みの壁にも国は取り組む構えを見せ始めました。先に紹介した「放課後児童対策パッケージ」で、「調査検討」の事項として夏季休業の支援等に取り組むことを明記しました。このことが「サマー学童の整備」として一部のマスコミで報道もされました。国は短期間のクラブ開所にも使いやすい補助金を設定することを検討するとのことです。この「サマー学童」が具体化すれば、夏休みの壁はぐっと低くなる可能性がありますが、一方で、国が推進するそのような短期間の受け入れが恒常化することで、育成支援を重視する〝正統派〟の学童保育の運営事業者や職員と国との意識のズレが広がる可能性があります。それをどうすり合わせていくのかというやっかいな課題がまた持ち上がることになりそうです。

4　軽視されてきた「お弁当の壁」

弁当作りは親の義務？

学童保育所では、夏休みなど小学校の休業期間中は朝から子どもたちを受け入れます。昼食は通常、世帯ごとに弁当を持参します。この弁当作りについて学童保育を利用する保護者から「弁当を作るのが負担」「時間的な余裕がない」という声が前々から上がっていました。その声に対して「親が子どもの弁当を作るのは当然。親の義務、親の愛情です」と反発する意見もまた根強くあります。そうした意見は保護者側から出ることもありましたが、学童保育所の職員側からもよく聞かれました。

現在、多くの学童保育所では、

「弁当は親が用意する。冷凍食品でもいい。コンビニのお弁当を詰め替えるだけでもいい。親が子どものために用意することが大事」

という考え方が支配的でしょう。

この「お弁当の壁」は学童保育の世界に昔からありました。しかしそれほど目立つ壁ではありませんでした。保護者にとって大変ではあるけれど弁当を作ればクリアできるので「小一の壁」や「夏休みの壁」ほど手ごわい敵ではなかったのです。

ところが、このお弁当の壁が二〇二三年（令和五年）に、新一年生の保護者が不安を抱く〝壁〟としてマスコミに取り上げられ、壁の解消が学童保育業界の課題として知られるようになってきたのです。

そうした壁解消の動きを加速させたのは意外にも国でした。こども家庭庁が二〇二三年五月一日時点における放課後児童クラブでの昼食提供の実態調査を行ったのです。調査対象は放課後児童クラブを運営している一六三三の市区町村です。

調査の結果、夏休みなどの長期休業中にクラブで昼食を提供していることを把握している市区町村は九九五あり、実際に昼食を提供しているクラブは九九〇カ所あることがわかりました。昼食の提供の仕方は、独自に調理した弁当を出すクラブが五五二カ所、運営事業者が手配した弁当を出すクラブが一八五九カ所、保護者（保護者会）が手配した弁当を出すクラブが三七四カ所でした。そうした実態調査を踏まえてこども家庭庁が二〇二三年六月二八日付で全国の自治体に出した通知には、「地域の実情にあわせた対応をお願いいたします」と書かれています。さらに「昼食等の発注業務に従事する職員の人件費も補助金対象」と経費についても言及されています。このあたり、いかにも役所らしい、「明確にやれとは言わないが、昼食提供に前向きになったほうが良い」と言いたげな通知です。しかも、実際にクラブで昼食提供を行っている「好事例」の六ケースも合わせて紹介しています。「お手本にしなさい」というわけです。

しかし私は不思議に思います。このときまで、国が学童保育所の弁当提供に関して何か言ったことはありませんでした。それまで個々のクラブや学童保育の運営事業者が、弁当について保護者の要望に対応してきたことはありますが、国が突然、この学童保育所の弁当問題に手を突っ込んできたのはなぜでしょうか。私の邪推ですが、二〇二三年から始まった岸田政権による「こどもまんなか社会」とか「次元の異なる少子化対策」の掛け声を受けて、こども家庭庁として「保護者の負担軽減に、何かしら貢献できないか」と考えた末の動きだったような気がします。

宅配弁当店利用の試み

かつて私自身もお弁当の壁に直面しました。私の子どもは二〇〇九年(平成二一年)に学童保育所に入所しましたが、当時も学童保育所の保護者たちから「夏休みのお弁当作りが大変!」との声が上がっていました。そんな折、学童保育所の近所に開店した宅配弁当店を利用してはどうか、という意見が保護者たちから出ました。あとで学童保育所の職員たちに聞いたところでは、職員たちは反対だったとのこと。でも、「発注から片づけまで全部保護者たちで行う。学童の先生たちには迷惑をかけない」ということで、当時の保護者会役員に押し切られたとのことでした。

そんな事情があったとは知らず、わが家もしっかりと宅配弁当を利用することにしました。

ところが、好評で迎えられた宅配弁当は、その夏を最後に二度と利用することはありませんでした。

実際にやってみてわかったことがいくつかありました。一食数百円程度とはいえ、それが重なるとそれなりの出費になること。そして何より子どもが「最初は良かったけど、何日もしたら食べ飽きた」と残すことが多くなったこと——がその理由です。お店の弁当の味付けは、どうしても似通ったものになるので、毎日食べる子どもは変化がなくて飽きてしまったのです。「そりゃ、大人だって毎日同じお弁当屋さんで揚げ物中心の似たようなメニューでは飽きちゃうよな」と思うでしょう。

これもあとから知りましたが、結局は弁当の残飯処理が職員の仕事となり、学童保育の職員の負担増となっていたとのこと。さらにその宅配弁当店が閉店してしまったこともあって、六年間学童保育所にお世話になった中で昼食の外注は最初の一年目だけでした。つまり、あとの五年間は、弁当作りの負担が残ったのです。

お弁当の壁の解消法

さて、学童保育所が昼食を用意・提供する方法としてこども家庭庁が紹介した六つの好事例とは次のようなものです。

・学校給食センターを活用した取り組み（茨城県境《さかい》町）
・弁当事業者と連携した取り組み（奈良市）
・弁当事業者と連携した取り組み（東京都港区）
・認定こども園の調理室を活用した取り組み（事業者・島根県）
・法人で一括して調理する取り組み（事業者・沖縄県）
・こども食堂と連携した取り組み（事業者・青森県、週一回）

どの取り組みも、保護者や運営事業者の事務作業の負担軽減に注意を払っていて、とても素晴らしいと私は思います。心配な費用面も一食二〇〇円から三五〇円の幅で価格を抑え、保護者の経済的負担が大きくならないようにする努力がうかがえます。それでも、一〇日頼めば最低二〇〇〇円になるので、出費としては必ずしも小さな額ではありません。

私は、この中では茨城県境町での給食センターを活用した取り組みと、沖縄県での法人一括調理の取り組みがとりわけ素晴らしいと考えています。給食センターは長期休業期間中には通常業務を停止しているので学童保育所用に食事を作ることができます。専門施設での調理であることと、プロの管理栄養士がメニューを作成することで保護者にとっても強い安心感があります。施設の点検日は食事の提供ができませんが、そのときは別途自治体が食事を用意しているそうです。

また、法人の一括調理の仕組みにも目を見張るものがあります。こども家庭庁の資料によると、法人一括調理を始めたのは沖縄県浦添市にある一般社団法人沖縄県学童保育運営サポート協会。セントラルキッチンを整備し、運営している市内一二カ所の施設に二〇二一年(令和三年)度から昼食を提供しています。実はその六年前の二〇一五年(平成二七年)度から、土曜日および長期休業期間に、子どもに手づくりの食べ物を提供しようとおやつと昼食の提供を始めていたそうで、国の呼びかけのはるか前から実施していた先駆者と言えます。多数の学童保育所を運営している事業者にとって沖縄県学童保育運営サポート協会の取り組みは、効率的な昼食とおやつの提供を考える際に大いに参考となる先行事例と言えるでしょう。

こうした給食センターの活用や運営事業者による一括調理と配達の仕組みが全国に広まれば、学童保育を利用する保護者の弁当作りの負担はなくなります。もちろん、その実現までには地域や自治体ごとに乗り越えなければならない課題や解決しなければならない問題点はあるでしょう。例えば、給食センターの活用には、市区町村の予算面での支援や施設点検に必要な期間の短縮など、地元自治体の協力が不可欠です。また、休業期間中にほかの仕事をしている給食調理員の処遇の問題や、事業者が運営する学童保育所が少ないと予算的に難しいという問題もあります。いずれも国が補助金などで積極的に後押しするべきだと私は思います。

学童保育のおやつ問題

ここで学童保育所における「おやつ」についても触れておきましょう。学童保育所のおやつの時間は子どもたちにとって楽しい時間となるだけではなく、育ち盛りの子どもたちの栄養を補助する「補食」の観点からもとても重要です。のちほど紹介する「放課後児童クラブ運営指針」にもおやつの意義について記載があります。

おやつは配達されたり職員が購入したりした商品を使うことが多いですが、手作りおやつを提供している学童保育所もあります。学童保育所には一般家庭の台所程度の調理施設なら備わっていることが多いので、あまり手の込んだメニューでなければ調理が可能です。

手作りおやつはコスト面で有利ですし、食育面でも有効です。ただ、圧倒的多数の学童保育所では慢性的な人手不足で、手作りおやつを提供したくてもできないことのほうが多いのです。

お弁当に対する職員と親の思い

話をお弁当の壁に戻します。私が学童保育所の運営団体で役員をしていたとき、多くの職員と弁当について話し合いました。それはたいてい次のような会話でした。
［職］「どうして保護者は、お弁当作りを嫌がるのでしょうね」
［私］「朝、忙しいからでしょう」
［職］「親が作ったお弁当を食べるのは子どもはうれしいものなのに……」
［私］「コンビニ弁当を買ってきて家でお弁当箱に詰め替える、それだけでもいいと私は思いますけどね」
［職］「たまにはいいと思うけどそればかりでは子どもがかわいそう。子どもは親が自分のためにお弁当を作るところを見ているわけだから、親の愛情も実感できるのにねえ」
こんなふうに、真面目な職員ほど親子関係を大事に考えています。
毎日手作りでなくてもいいから、弁当は親が用意してあげてほしい。親が子どものために弁当を用意することは、親が子どもにかかわること。そのかかわりが安定した親子関係の礎になる――という意識があるのです。
親が子どものために用意する弁当については、もう一つ別の観点から学童保育職員が注意を払うことがあります。それは児童虐待の早期発見という観点です。保護者が作る弁当が児童虐待の手がかりになることがあるのです。保護者が用意した弁当の様子を見ることで、学童保育職員の多くは、「家庭において隠された問題があるかどうか」を確認しています。
ふたを開けたらウインナーが数本入っているだけ。ミニトマトが数個入っているだけ。食パン数枚を持たされただけ……。そのような子どもの弁当を見た学童保育の職員は、家庭における児童虐待、ネグレクト（育児放棄）の可能性を念頭に対応を考えます。これは極めて効果的な手法なのです。保護者の方は弁当ひとつで親子関係・家庭環境を問われるなんてと驚かれるかもしれませんが、「学童保育所での弁当を施設側が準備すると、児童虐待を察知するアンテナの一つが失われる」という反対意見はかなり根強いのです。

しかしたいていの保護者は、弁当を作ろうとコンビニで買おうと、宅配弁当を子どもが食べようと、「親子関係に問題はない」と思っているので、「弁当作りを通じて親子関係の結びつきを強めてほしい」という学童保育所職員の気持ちなど「余計なお世話」になります。気にしているのは常に弁当作りの負担——そのひまがあったら少しでも寝ていたい——ということです。一〇分早く起きてお弁当を作ればいいと言われるけれど、その一〇分があるなら寝ていたい（もしくは、早く出勤したい）。「昼食が学童側で用意されるのはありがたい」と保護者が思うことは無理もないのです。

つまり、弁当作りに関しては、子どもを託す側と子どもを受け入れる側双方の気持ちがなかなか一致しない。これが長年にわたって学童における「お弁当の壁」問題が解決しない原因だと私は思っています。

こども家庭庁のお弁当問題介入

しかし、今後、このお弁当の壁問題は、こども家庭庁の後押しで大きく変わりそうです。先述の通り二〇二三年（令和五年）、全国各地で長期休業期間中の弁当提供が試験的に始まったというニュースが報じられました。例えば、仙台市ではこれまで児童館で行っている学童保育所二カ所で弁当を提供していましたが、保護者の要望を取り入れて、夏休み期間中は新たに四カ所の児童館・学童保育所で弁当の提供を始めました。このことを伝えるNHKの記事(七月二八日ウェブサイトで掲載)によると、専用のウェブサイトを通じて希望する日時や種類を選んで支払いをすませると弁当が児童館に届けられるという仕組みです。学童保育利用者のうちの約一割がこのサービスを利用しました。

また、佐賀県上峰《かみみね》町の放課後児童クラブでは冬休みの昼食提供が試験的に実施されました。サガテレビの一二月二七日の報道によると、一二月二五日から二七日までの三日間で、費用は一回あたり二五〇円です。二七日の献立はご飯・みそ汁・イワシの梅煮・野菜の胡麻和えで、栄養面を考慮したメニューとなっており、依頼のあった児童三五人に提供されました。その他、静岡県三島市や長泉《ながいずみ》町でも夏休み期間中の昼食提供サービスが実施されていると報道されています。

今後は学童保育所で昼食を用意する流れが一気に強まるでしょう。学童保育所は、必要としている人がいてこそ存在する施設ですから、必要とする側＝子育て世帯の保護者が求めるニーズに学童保育所が対応することは当然です。むろん、国のテコ入れで職員の勤務体制を整える必要はあります。職員側の意識変革も必要となるでしょう。児童虐待の早期発見に関しては、弁当の観察以外にも様々な手段がありますから、それほど深刻な事態にはならないでしょう。

5　小一の壁問題の複雑さ

「保育園落ちた日本死ね」のインパクト

学童保育所の「小一の壁」――すなわち待機児童の問題は、何もこの数年間で発生したわけではありません。小一の壁という言葉自体も一〇年以上前から使われており、古くからある問題です。

国が二〇一四年（平成二六年）に策定した「放課後子ども総合プラン」（新・放課後子ども総合プランの前の計画）にも「共働き家庭等の小一の壁打破」が掲げられていました。国が重要視している割には年々、状況が悪化しているため、小一の壁に関する報道も徐々に増えました。しかし小一の壁はまだまだ全国を揺るがすような大問題として認識されていません。

二〇一六年（平成二八年）二月、ＳＮＳに投稿された「保育園落ちた日本死ね」が巻き起こした社会的な動きを記憶されている方は多いと思います。子どもが保育所の待機児童になったという保護者の叫びは、日本の子育てをめぐる社会環境に劇的な変化を起こしました。保育所不足による待機児童はそれまでも報道で取り上げられてはいましたが、この投稿は極めてセンセーショナルな問題提起となり、国会でも取り上げられ、その年の「ユーキャン新語・流行語大賞」のトップテンにも選ばれました。これにより、全国各地で保育所の整備が急ピッチで進みました。まさに、社会を動かしたのです。

ところが、小一の壁についてはメディアで話題になっても、保育所の待機児童問題ほどの大きな問題にまで発展しているとは私には感じられません。小一の壁の問題は、もちろん当事者にとっては切実な問題ですが、どうして保育所の待機児童問題ほどには急ピッチで事態が解消されないのでしょうか。

小一の壁がない地域

それは、小一の壁は、全国津々浦々で実感される問題ではないからだと私は考えています。実は、小一の壁が存在しない地域が日本中にかなりあるのです。学童保育所の待機児童が存在しない地域に住む子育て中の保護者にとっては、小一の壁の話はどこか遠い国の話に感じられ、差し迫った問題としてとらえられないのです。これでは、国民的な危機感は共有できないのでしょう。

では放課後児童クラブの待機児童が発生していない地域はどれだけあるのでしょうか。先述の「放課後児童クラブの実施状況」調査によると、二〇二三年(令和五年)では、いわゆる政令指定都市に限っても札幌市・横浜市・川崎市・新潟市・京都市・大阪市・堺市・神戸市・北九州市・福岡市と一〇都市もあります。人口が二〇万人以上の中核市に至っては待機児童がいない都市は二七にも及びます。つまり、これらの地域に住む子育て世帯には小一の壁が存在せず、子育て中の保護者にとっては心配する必要がないため、興味もないということでしょう。実際、SNSで、「川崎市民だけど学童の待機児童なし。費用も超安い。小一の壁がないところでよかった」という投稿を見たこともあります。

そうなると、「小一の壁がない地域があるなら、そこで行われている仕組みを待機児童が出ている地域で取り入れればいいじゃないか」と思われる方もいるかと思います。

実はここに厄介な問題が隠されています。小一の壁がない地域の学童保育所には、新たな別の〝壁〟

が存在しているからです。

待機児童がいない地域の別の壁

学童保育所の待機児童をなくすには入所希望者を全員入所させればいい。それで小一の壁問題は解消――と思いきや別の新たな問題が起きるのです。待機児童数という「量の問題」が解決される代わりに、その学童保育所が子どもにとって過ごしやすい環境かどうか、働く職員たちが働きやすいかどうか、という「質の問題」が新たに生じるのです。

「ギュウギュウ詰め学童＝大規模学童保育所」という厄介な問題です。この大規模学童問題は、子どもたちに大きなストレスを与え、施設内での子ども同士のトラブルを激増させます。子どもだけではありません。大人数の子どもたちに対応する職員の負担（＝過重労働）も問題です。子どもたちの居場所を用意したはいいが、その成長にふさわしい場となっているかという「質」の問題に取り組む必要が出てくるのです。このことは、学童保育の本質にかかわる重要な問題ですので、第5章で改めて説明します。

学童職員の本音

学童保育は、子どもたちのために素晴らしい施設でありたいと日々願っている運営事業者や現場で働く職員たちによって成り立っています。しかし一方では、そうした人たちの職業意識もまた壁をつくる要因となっている面があります。どういうことでしょう。

学童保育の仕事は、子どもの安全・安心を守りつつ、保護者の子育てと暮らしを支えることです。学童保育所で働く職員は、子どもの成長を支える仕事＝育成支援の仕事に誇りを持っています。それはとても素晴らしいことです。しかし、この「子どもたちの最善の利益を守りたい」という職員たちの熱心な考え方が、小一の壁の解消には逆方向のベクトルに働くことがあります。先に夏休みの壁を取り上げた際、事業者や職員には短期間の子どもの受け入れに消極的な考え方があることに触れましたが、それと共通するものです。

学童保育所の仕事は給料が高いわけではなく、どの施設も慢性的な人手不足で業務量も過大です。そんな厳しい雇用労働環境でも、多くの学童保育所職員は、「子どもを支えたい、守りたい」という一心で働いています。そのため、仕事熱心な学童保育所の運営事業者と職員は、学童保育所に入所している子どもたちが過ごす環境が悪化することを極度に嫌います。小一の壁を解消しようと入所者数を増やしたい市区町村の考えや、その考えに従いたい事業者の方針とは、相反することになります。

学童保育所の多くの職員の本心は、「学童保育所で適正規模とされる児童数「四〇人」を守ってほしい」「四〇人以上になることは避けてほしい」「学童保育所に在籍している子どもたちが過ごしやすい環境を守りたい」です。さらに進んで、「学童保育所で過ごす子どもたちの環境を守るためには、入所児童数を増やさない小一の壁は、むしろ必要」という思いにたどり着きます。事実、そういうことを話す学童保育関係者は多数います。表には出ない大多数の学童保育所職員の本音です。学童保育所に入った子どもたちには万全の支援・援助をしたいですし、現にそうしています。しかし、学童保育所に入っていない子どもたちについては残念ながら職務対象外なので、保護者が自助努力で対応してくださいということです。あるいは市区町村や事業者が小一の壁を解消したいなら、施設を増やし、職員もさらに雇って、それに応じて入所者数を増やせば良いと思っています。

これも決して表面化はしませんが、施設を設置する側、つまり運営事業者や市区町村が、もしも学童保育の新設にかかる予算を出したくない、または将来の経費負担増を避けたい、という考えを持っているとしたら、学童保育の運営事業者や、現場職員の言う「待機児童を出したとしても、今の良好な学童保育所の環境を維持したい」との本音を〝利用〟できます。「あと五人、一〇人でも入所数を増やして待機児童を減らしたい、解消したいのですが、現場が無理と言っている以上、もう増やせません」と言えるのです。学童保育所の整備に責任がある市区町村は、「予算がかかるから学童保育所の定員はなるべく増やしたくない」とは言えませんが、「現場がこれ以上、子どもの受け入れができないと言っている以上、無理です」と言って取り繕うことができます。

学童保育所で運営事業者や職員が「もうこれ以上、子どもの面倒は見たくない」「際限なく入所人数を増やすことに反対だから、小一の壁はあったほうがよい」と言うことはタブーです。しかし、実はそれが多くの人々の本音なのです。

6　小一の壁を乗り越えるための秘策

引っ越しを考える

小一の壁が乗り越えられるかどうかは、壁がある地域で子育てをする保護者にとってその後の生活が左右される死活問題です。具体的に、どのような方法で小一の壁を乗り越えられるか、それを知りたい。そう思う方はきっと多いでしょう。

最初に私が言っておかなければならないのは、結局は学童保育所の受け入れ人数によって小一の壁突破が可能かどうかが左右されるという動かしがたい事実があるということです。残念ながら保護者個人の努力ではどうにもならない。その点を踏まえての対策しかできない、ということです。

まず何はともあれ、自分の住んでいる地域に小一の壁があるかどうかを確認することです。地元の学童保育所は待機児童を出しているかどうか。保育所や幼稚園、こども園で知り合った保護者同士の口コミは重要な情報源ですが、インターネットで「放課後児童クラブ　実施状況」と検索すると、待機児童が五〇人以上いる市町村がわかります。もちろん、居住地の市役所、町役場にも必ず問い合わせましょう。

調べた結果、地元に小一の壁があり、待機児童が引き続き生じる蓋然《がいぜん》性が高いという場合は、究極の回避法を検討するべきです。究極の回避法とはズバリ「引っ越し」――通勤ができる範囲内で、待機児童を出していない市区町村に転居することです。引っ越しは大変ですが、仕事を辞める、仕事を変える、所得が減ることを防ぐには最も効果的な方法です。

「転居してまで？　引っ越しは負担が大きすぎる」と思われるのは当然です。親も子どもも、親戚や友人・知人との人間関係を犠牲にしてまで引っ越すことには抵抗があるでしょう。また、すでにマイホームを購入した家族には全く不可能と思われる話でしょう。ですが、学童保育所に入所ができず、今まで保護者が勤めて得たキャリアを棒に振るよりも、子どもが待機児童にならずに今までと同じ仕事を続けられることのほうが、長期的に考えるとメリットが大きいと私は考えます。

待機児童を出す行政の怠慢のために自分たちが他地域に引っ越すなんて腹立たしいと思うのは無理もない話です。しかし、学童保育所の整備に後ろ向きで、子どもへの投資をケチっている市区町村に住むより、子どもの居場所整備に前向きな地域に住むことのほうがメリットは大きいと私は思います。市区町村には、政策として学童保育所の待機児童を出さないことを掲げて子育て世帯の流入と定着を呼び掛けている地域があります。ホームページで「学童保育の待機児童ゼロ!」とアピールしている地域もあります。「学童保育所難民」を積極的に受け入れて人口増を狙っているのですが、そのような子育て支援に積極的な地域に住むほうが、長い目で見れば安心です。これからマイホームを購入しようとする人は、待機児童がいない地域を選択するべきでしょう。

学童そっくりさん事業に注意

ただ、学童保育所に入所するための転居に関しては一点、注意が必要です。

待機児童ゼロの市区町村の中には、学童保育所が放課後児童クラブではなく、似たような別の事業、言うなれば「学童そっくりさん事業」を行って子どもの居場所としている地域があります。

その「学童そっくりさん事業」とは、「放課後児童対策事業(全児童対策)」という別の仕組みです。「全児童対策」の詳細については第2章で紹介しますが、基本的に利用希望者すべてを低額の費用で受け入れる事業のことです。この事業を行っている地域では待機児童は出ませんから、子育て世帯の保護者にとっては最大のメリットだと思います。全児童対策を実施しているかどうかは市区町村のホームページで確認できます。また、大阪市や札幌市・名古屋市のように全児童対策と放課後児童クラブが並存している地域もあります。

ただし、全児童対策はその名の通り、すべての児童を受け入れますから、限られた施設内のスペースに、子どもがギュウギュウ詰めにされていて、子どもたちがストレスをためやすいのが問題です。ギュウギュウ詰めでストレスにさらされた結果、子どもが学童保育所に行きたがらない、という問題も起きています。

さらに、全児童対策には利用条件が合わない子育て世帯が、並存している学童保育所に利用を申し込んだものの、学童保育所側の事情で待機児童となるケースもありますので、全児童対策実施地域なら必ず待機児童がゼロとなるわけではありません。

全児童対策だけで子どもの受け入れを行っている地域では、午後五時ごろまでは希望するすべての子どもを受け入れ、午後五時以降に放課後児童クラブとして子どもを預かる——ということになります。午後五時まではギュウギュウ詰めですから午後五時から二時間ほどの放課後児童クラブで十分な育成支援を行うことは困難です。全児童対策には、子どもに寄り添った支援・援助が充実していることは必ずしも言えないと思ったほうがよいでしょう。必ず子どもが学童保育所に入れるという親のニーズを満たすことと、子どもたちの快適度・幸福度が下がること、施設職員たちの負担が過重になることとは表裏一体の関係にあります。そのことも保護者にはぜひ知っておいていただきたいと思います。

表4　子育て支援・施設事業

名称	特徴	利点	難点
放課後子供教室	小学校内で実施。または近隣の公共施設を利用	その小学校の児童であれば利用可能。費用が安い（傷害保険料程度）	午後5時ごろで終了。長期休業期間中の実施は地域ごとに異なる
児童館	子どもの遊びを支援する児童厚生施設。専門員が常駐	多彩な遊びが用意されている。費用は不要	その地域に存在しないケースも多い
プレーパーク	子どもが自分の意志で自由な遊びができる場所	プレーワーカーが子どもの自由な発想による遊びを支援する	毎日実施している場所は少ない。個所数もまだ少ない
ファミリーサポート事業	育児の援助を受けたい人（依頼会員）と育児の応援をしたい人（援助会員）が、お互い会員となって一時的に子どもを預かる会員組織	費用が安い。相互の合意で利用時間をある程度、設定できる	地域に必ずしも援助会員が存在するわけではない。事前の利用設定スケジュールの当日変更は基本的に不可
民間学童保育所	運営組織の方針で多彩なサービスが提供されている	学習時間や送迎、夕食提供などの付加価値型サービスが充実している	利用料（月謝）が放課後児童クラブに比べると高額

小一の壁に直面したら

　すでにマイホームを購入している場合や、その地域に住まざるを得ない理由がある場合は、ここまで述べてきたような引っ越し作戦が使えません。近所に頼れる知り合いや親類がいないと不安という世帯も多いでしょう。その場合は、学童保育所以外の子育て支援策を探して利用することです。その候補となる子育て支援施設・事業を表4にまとめました。

　これらはいずれも、放課後や小学校休業中に子どもたちが過ごせる場所や仕組みです。この中では「放課後子供教室」が全国規模で行われていますが、開催日が週に数日という市区町村が多く、毎日利用できるとは限りません。放課後子供教室については第2章で改めて詳述します。

「児童館」も子どもの居場所となる施設です。児童館の中に学童保育所が設置されている地域も多いので、児童館も学童保育所の一種と思われがちですがそうではありません。児童館は児童福祉法で児童厚生施設と定義されていて、その目的は、

「地域において児童に健全な遊びを与えて、その健康を増進し、又は情操をゆたかにすることを目的とする児童福祉施設」（厚労省のホームページ）

です。放課後児童健全育成事業と事業目的が大変似ていますが、学童保育所とは法的に異なる存在です。もっとも放課後児童健全育成事業の事業目的は、この児童館をお手本にして定義されたとも言えるので似ているのも当然です。そのことからもわかると思いますが、児童館のほうが学童保育よりはるかに長い歴史があり、子どもの居場所としては大先輩と言えます。

「プレーパーク」や「冒険あそび場」は最近、都市部の公園を利用して設置されるケースが増えています。子どもの遊びの専門家（プレーリーダー）が、リスク管理をしつつ子どもたちの遊びを支援するものです。毎日開催されることはあまりありませんが、実施日には子どもが過ごすことができます。

「ファミリーサポート事業」は子育てに関して援助を受けたい人が「依頼会員」となり、援助を行いたい人が「提供会員」となってそれぞれの組み合わせで子育てを支援する仕組みで、「放課後児童クラブ」と同じ「地域子ども・子育て支援事業」に位置付けられている国の制度です。おおむね全国で実施されていますが、その利用には事前の説明会に参加する等の手続きが必要であることと、自分の居住地に提供会員がいない場合は利用が事実上不可能という難点があります。明日、急に子どもの居場所が必要になったからといってすぐに利用できる制度ではないので注意が必要です。

「民間学童保育所」ものちほど説明しますが、学童保育所の中心的存在である放課後児童クラブとは別ジャンルの事業で、学習面のサポートや各種アクティビティなど豊富なプログラムが特徴の施設です。通常、利用料が月額五万円前後か、それ以上の場合がほとんどですので経済的な負担が大きいのですが、家計的に問題がないようであれば選択肢の一つになり得ます。

表にはありませんが、もう一つ、子どもの居場所となるものがあります。それは「同じような状況の子育て世帯が協力し合って、自宅で子どもたちを過ごさせる」ことです。仕事が休みの日に子どもが夕方まで過ごすことができる保護者同士で連携して、自宅をいわば私設の学童保育所にするのです。

小一の壁に直面して子どもの居場所が見つからない場合、表にある施設や民設の学童保育所を利用するか組み合わせて使うことで――少なくとも子どもが小学校低学年のうちは――なんとか子どもの居場所を確保するしかありません。

7　自治体に期待したい小一の壁解消

やればできる自治体の取り組み

小一の壁の解消方法は、繰り返し述べてきたように、まずは学童保育所の入所人数を増やすことであり、そのために必要な施設を市区町村が早急に整備することです。これが王道ですから、小一の壁がある市区町村は国や都道府県と連携して対応に取り組んでいただきたいと思います。

先に触れたこども家庭庁と厚生労働省の二省庁会議でこども家庭庁が提出した資料には、「小一の壁の打破は喫緊の課題」と明記されているのですから、国の強いリーダーシップのもと、市区町村には放課後児童健全育成事業の当事者としての行動と取り組みが必要です。

その取り組みが、子どもの健全育成として理想的な形態である放課後児童クラブとはかけ離れている全児童対策であったとしても、まず何よりも小一の壁の悲劇を防ぐために、市区町村は国の方針に従って子どもの居場所作りに取り組むべきです。と同時に、子どものギュウギュウ詰めの問題や職員の過重労働にも対応し、全児童対策で時間を稼いでいるあいだに放課後児童クラブの専用施設を新たに設けることが望ましいと私は考えています。

私の経験で、次のような事例がありました。

ある町で学童保育所の入所児童数が増加し、既存の学童保育所ではこれ以上受け入れができない状態になりました。そこで行政担当課と地域の小学校が連携して、ＰＴＡが小学校で使用していた教室を町が借り受け、そこに学童保育所を増設しました。緊急なので調理施設もない、急ごしらえの施設でした。そこで子どもたちが過ごすあいだ、行政は急いで新たな学童保育所の整備を進め、およそ一〇カ月後に完成。その施設へ、教室を借りていた学童保育所が移転したのです。市区町村も本気を出せば結構やれるものです。

もう一つ事例を挙げましょう。「タウンニュース　八王子版」の二〇二三年四月号には八王子市が取り組んだ待機児童解消の経緯が紹介されています。それによると八王子市は、待機児童解消のために小学校敷地内に学童保育所を新規に建設したり、既存施設を増築したりするなど、矢継ぎ早に対応しています。その結果、二〇一六年（平成二八年）度には三七〇人だった待機児童が、二〇一八年（平成三〇年）度に一七二人、二〇二一年（令和三年）度に八二人となり、二〇二二年（令和四年）度はゼロになったのです。数百人もいる待機児童も自治体が本気を出せば数年間でゼロにできるという実例で、とても勇気づけられます。なお、同記事では「お弁当の壁」に対しても学童保育所で給食を実施したことが紹介されています。八王子市の学童保育に関する取り組みは本当に素晴らしいと思います。

小一の壁をなくすのは学童でなくてもいい

小一の壁を解消するために学童保育所の新設・増設は必要ですが、それを何年もかけて行うことは、そのあいだも生活に困る子育て世帯が出続けることですから望ましくありません。法令で定められている備えなければならない設備は保育所ほど多くないとはいえ、学童保育所を整備するのには時間も予算も必要になります。小一の壁の本質は、安全・安心な環境で子どもが過ごせる場所が足りていないことですから、そのような場所でさえあれば学童保育所に固執しなくてもいいと私は思います。また、すべての子どもに学童保育所が必要ということでもありません。

子どもの安全・安心な居場所を早期に準備するために、社会は民間の知恵と行動力をもっと活用すべきです。例えば、子どもの居場所づくりに取り組んでいるNPO法人(非営利活動法人)や各種団体の活動に対する補助を強化して、子どもの居場所を民間の知恵で作り出してもらうことです。最近は、企業が独自で従業員の子どもを受け入れる〝社内学童保育所〟を設置する例も増えています。

例えば、二〇二三年(令和五年)一二月二六日のNHKのニュースによると、休日限定で社内の一角に学童保育を行うスペースを設け、一日あたり一〇〇〇円(昼食付き)の利用料で社員の子どもを受け入れている企業があるということです。企業にとってみれば、社員への福利厚生の充実をアピールでき、有能な人材獲得につながります。何より、これまで多大なコストを投じて育ててきた人材が、育児のための離職を余儀なくされることなく仕事を続けられるのですから、生産性向上にとっても有益です。

このような仕組みが、中小企業でも実施できるような国の補助制度が整えば、自治体や民間の学童保育に集中するニーズの分散化も期待でき、小一の壁、夏休みの壁の打破にもつながります。

さらに理想を言えば、地域に複数準備された子どもの居場所から、保護者がライフスタイルや自分の子どもの性格に合わせて最も適切な施設や仕組みを選択できる状況を整えるべきです。そもそも、すべての留守家庭の子どもが放課後児童クラブを利用する必要はありません。地域に放課後児童クラブがあり、放課後子供教室も実施されている。児童館がある。ファミリーサポートセンターも気軽に利用できる。プレーパークや民間学童保育所も、その他、地域の団体が手がける子どもの居場所もある。そうした多種多様な子どもの居場所の中から選択できる状態が望ましいと言えます。

そのような環境が実現したら「小一の壁」は完全に消え去ります。それこそが政府が打ち出した「こどもまんなか社会」が目指すべき一つの到達点だと私は思っています。

第2章　正統派学童と学童そっくりさん事業
――学童保育の実態

第1章でも触れてきたように学童保育所と一口に言ってもさまざまな事業形態があり、見た目は同じでも事業目的が異なっています。そのことが学童保育に対する社会の理解が進まない要因となっています。この章では学童保育の仕組みを中心に紹介します。

1　多様な学童保育のあり方

四つの事業形態

学童保育と呼ばれる仕組みは事業の形態から大きく四つに区分できます。

・放課後児童クラブ
・放課後子供教室

表5　四つの事業形態の概要

名称	所管	主要な目的	補助金	資格者配置	児童１人当たりの面積基準	実施数
放課後児童クラブ	こども家庭庁	放課後等、就労等で保護者不在時の小学生に対する育成支援を実施	あり（例外あり）	必要（義務ではない）	あり（おおむね1.65平方メートル）	36,209（クラブ数では26,683）
放課後子供教室	文科省	放課後等、小学生に小学校等の施設を活用して居場所を提供	あり	不要	なし	17,129
放課後児童対策事業（全児童対策）	市区町村	17時ごろまで「放課後子供教室」、以降は「放課後児童クラブ」の役割	あり	放課後児童クラブの時間帯は必要（義務ではない）	放課後児童クラブの時間帯は必要（義務ではない）	−
民間学童保育所	なし（民間企業）	事業者が学習やアクティビティなど多種多様なサービス事業を展開	なし	不要	なし	−
（参考）児童館	こども家庭庁	18歳未満の児童を対象に、専門職員（児童厚生員）が子どもたちの遊びを通じた健全育成を支援	あり	必要	なし	−

・放課後児童対策事業（全児童対策）
・民間学童保育所

これらはそれぞれ異なる事業です。それぞれの特徴は表5に簡単にまとめましたが、子どもを受け入れるという点では共通しているため、メディアではこれらをひとまとめにして「学童保育」と呼ぶことが多いです。もし学童保育に関する報道で、「いわゆる学童保育」と報じられていたら、その報道をした記者はこの四つの違いを正しく理解している人だと思います。また、インターネットの情報では「学童保育と放課後児童クラブは同じ」と説明していることがよくあります。もちろんそれは間違いです。

行政も違いをわかっていない

メディアばかりではありません。これらの事業を行う市区町村（行政）も、実はあまり区別して考えていないことが多いです。テレビや新聞、インターネットなどで紹介されている学童保育に関する情報の中には正確性に欠けるものもあるので注意が必要です。

お住まいの地域に「○○学童保育所」「○○児童クラブ」という名称の施設があっても、その施設が必ずしも「放課後児童クラブ」とは限りません。将来的に学童保育を利用することを考えている人は、地域にどの事業に該当する「学童」があるのかを確認しておくことをおすすめします。

2　学童保育の中心——放課後児童クラブ

放課後児童クラブとは何か

四つの事業形態の中で学童保育の中心的な存在は「放課後児童クラブ」です。放課後児童クラブは放課後児童健全育成事業を行う施設と何度も書いてきましたが、では、その事業とは、そもそも何を指すのでしょう。児童福祉の基本的な法律である「児童福祉法」では次のように定めています。

「この法律で、放課後児童健全育成事業とは、小学校に就学している児童であって、その保護者が労働等により昼間家庭にいないものに、授業の終了後に児童厚生施設等の施設を利用して適切な遊び及び生活の場を与えて、その健全な育成を図る事業をいう」（児童福祉法第六条の三第二項）

わかりやすく言うと、保護者が家に不在のあいだに施設で子どもを受け入れて、子どもの健全な育成を事業として行う、ということです。ここに「児童厚生施設」という言葉が出てきますが、これは「児童館」を指しています。国は児童館など既存の施設を利用することで放課後児童クラブを実施することを意図していたことがうかがえます。

ここで注意してほしいのは、法律の条文に子どもを「預かる」ということが書かれていないことです。「はじめに」で触れたように、放課後児童クラブは子どもの預かり場とは違います。国が定めたいわゆる「学童保育」がめざすところは「子どもを単に受け入れることではない」ということを理解しておくことが重要です。

また、国が市区町村に行わせる放課後児童健全育成事業は、「市区町村が必ず実施しなければならない事業」ではなく、「市区町村が行うことができる事業」にすぎません。児童福祉法にも「市町村は行うことができる」と規定されています。実際、放課後児童クラブが設置されていない自治体もあります。放課後児童健全育成事業は「子ども・子育て支援法」という法律にも記載されています。この事業は一三種類ある「地域子ども・子育て支援事業」の一つと法律では定められています。地域子ども・子育て支援事業には放課後児童健全育成事業のほかに「乳児家庭全戸訪問事業」「ファミリーサポートセンター事業」「延長保育事業」「病児保育事業」などがあります。

基準条例に基づく施設

これらの法律のほかにも国は、放課後児童クラブの設備や職員配置に関して一定の基準を定めており、基準を下回る劣悪な施設とならないよう規制しています。その基準は、厚労省が二〇一四年(平成二六年)に定めた「設備及び運営に関する基準」(省令)がベースとなっています。市区町村は、この省令をもとにして「放課後児童クラブに関する設備及び運営基準を定めた条例」を作っています。この条例のことを学童保育の世界では「基準条例」と呼んでいます。この基準条例に従って設置・運営されている学童保育所が放課後児童クラブだと言えます。

省令には「放課後児童支援員」に関する規定もあります。都道府県知事が認定する公的な資格です。この放課後児童支援員制度が始まったのは二〇一五年（平成二七年）ですから、放課後児童支援員はまだ新しい資格です。二〇一五年以前は、放課後児童クラブには資格者を配置（クラブが開所している時間帯に従事していること）する必要はありませんでした。もっとも、基準条例とは無関係な民間学童保育所は今でも資格者の配置は全く不要です。

実は放課後児童支援員の資格制度がスタートしたときは、放課後児童クラブには放課後児童支援員を最低でも一人は必ず配置することを国が義務付けていました。

ところが現在はその義務はありません。放課後児童支援員を配置することが難しいという全国各地からの要求で配置義務が緩和され、二〇二〇年（令和二年）に早々と配置義務が外されてしまいました。よって現時点では法令上無資格者だけが従事する放課後児童クラブも存在が可能です。ただ、その場合には国から交付される補助金が大幅に減額されることになっています。今も多くの市区町村は独自に定めている条例や要綱で放課後児童支援員の配置を義務としているとはいえ、法令が有資格者の配置を義務付けていないことは、放課後児童健全育成事業の質を保つ点で深刻な懸念材料です。

放課後児童クラブの設置条件と利用料

放課後児童クラブは届出制です。基準条例をクリアしており、事業者が提出した届けを市区町村が受理すれば、その施設は放課後児童クラブになります。放課後児童クラブになれば、国の補助金の交付対象になりますが、放課後児童クラブなら必ず交付されるとは限りません。市区町村の判断で交付されない場合もあります。子どもの居場所が足りないからといって、志ある方が放課後児童クラブを開設したのに、市区町村の判断で補助金が交付されない施設が日本各地に存在しています。これも深刻な問題です。

また、国の補助金の活用具合と、市区町村が独自の補助金をクラブに交付しているかどうかで、クラブを利用する保護者が負担する毎月の利用料が異なってきます。自分の住んでいる地域と、隣の市区町村で、同じようなサービスが展開されていても利用料が違っている――というのが普通です。具体的に言えば、市区町村が直接放課後児童クラブを運営している場合(「公営」)は保護者の負担額はおおむね月一万円以内が多く、民間事業者が運営する場合(「民営」)は月一万円から一万五〇〇〇円程度が多いようです。

このように、児童福祉法や基準条例で規定があること、(配置の義務は緩和されたとはいえ)資格制度があること、補助金の交付対象になることなどで、「放課後児童クラブ」こそ学童保育の中心的な存在と言えます。私は放課後児童クラブのことを「狭義の学童保育」と呼んでいます。そして「放課後児童クラブ」「放課後子供教室」「全児童対策」「民間学童保育所」の四つの事業形態すべてを含んで言う場合は「広義の学童保育」としています。

放課後児童クラブの設置と運営

放課後児童クラブは学童保育の中心的な存在ですが、その施設の設置と運営の仕方によってさらに区分ができます。学童保育は、いろいろな角度から区分や分類ができるのですが、論ずるにあたって混同しがちなので、注意が必要です。

放課後児童クラブは市区町村が行うことができる児童福祉の任意事業ですが、この事業は市区町村以外の者であっても行うことができると児童福祉法に定められています。

まず、「設置者」で分けると、「公設」（または「公立」）と「民設」の二つに分けられます。公設は文字どおり市区町村が施設を設置しているもので、クラブの建物や備品などの施設は公有財産です。ただ、民有地に公営クラブが建てられていることもよくあります。民設は、民間事業者が費用を出して施設を設置しています。

「運営者」で分けると、これも「公営」と「民営」に分けられます。公営は、市区町村が職員を雇用して日々のクラブ運営を行っています。職員の身分は公務員となります。公務員と言っても、クラブで実際に勤務している職員のほとんどは非正規の公務員で、正規の公務員が勤務する形態をとっているのはごく限られた地域です。

民営は民間事業者による運営ですが、その運営事業者はさまざまです。運営事業者が法人であれば、株式会社に代表される「営利法人」と、社会福祉法人やNPO法人といった「非営利法人」の二つに分けられます。法人でない団体、つまり「任意団体」のクラブも全国的にかなり存在していて、学童保育所を利用する保護者の集まり、つまり「保護者会」が運営をしている場合や、「地域運営委員会」という保護者会や学校関係者、地域の自治会関係者が加わって組織が運営されている場合があります。

民営の場合、多くは市区町村から放課後児童クラブに対して国の補助金が交付されます。その補助金と、クラブの利用世帯から徴収する毎月の利用料金を収入としてクラブの事業運営を行うことになります。運営事業者が営利法人か非営利法人か、そして保護者が運営しているかによって運営の手法や最優先の事業目標が異なってきます。むろん、営利法人なら当然、運営事業者の利益が優先的に求められます。

以上のことから放課後児童クラブは、その設置と運営の形態を組み合わせて、「公設(公立)公営」と「公設民営」、そして「民設民営」の三つに分けることができます。「民設公営」のような、民間が設置した民設のクラブを市区町村が運営する形態はありません。同じ市区町村の中に三種類すべての施設が存在していることも珍しくありません。二〇一〇年代以降、公設公営のクラブは減少しており、公設公営から公設民営に転換する例が増えています。また、市区町村の意向を汲んで、民間事業者がクラブを設置する民設民営も増えています。

なお、これは放課後児童クラブだけでなく放課後子供教室や放課後児童対策事業にも通用する分類方法です。

ぜひ理解してほしい「育成支援」

放課後児童クラブの事業目的は先に触れたように児童の健全育成です。国はこの健全育成の内容について、別途、「放課後児童クラブ運営指針」(以下「運営指針」)を定めて、実施してほしい具体的な事業内容を示しています。運営「指針」であって法律や命令ではないので強制力はありませんが、運営事業者（運営指針では「運営主体」）は、この内容を踏まえてクラブを運営することが求められているので、職員も内容を理解し実践していかなくてはなりません。

運営指針の冒頭に、重要な記述があります。

「放課後児童健全育成事業を行う場所（以下「放課後児童クラブ」という。）における、子どもの健全な育成と遊び及び生活の支援（以下「育成支援」という。）の内容に関する事項及びこれに関連する事項を定める」（運営指針第一章一の（一））

先に紹介した児童福祉法における放課後児童健全育成事業の内容やこの運営指針の記述内容をよく見てください。前者では「適切な遊び及び生活の場」、後者では「遊び及び生活」と書いてあります。どちらも放課後児童クラブのことを、子どもたちが遊び、生活をして成長しつつ過ごす場と定義しています。その子どもたちを支える「遊び」と「生活」を支える行動が「育成支援」ということなのです。育成支援という言葉とその考え方は、学童保育を理解する上で極めて重要ですから、ぜひ覚えておいてください。

また、放課後児童クラブの役割は、子どもの育成支援だけではありません。保護者の子育てを支える役割もあります。運営指針にはこのことも示されています。長い文章ですが、重要なのでそのまま紹介します。

「放課後児童クラブは、常に保護者と密接な連携をとり、放課後児童クラブにおける子どもの様子を日常的に保護者に伝え、子どもに関する情報を家庭と放課後児童クラブで共有することにより、保護者が安心して子どもを育て、子育てと仕事等を両立できるように支援することが必要である。また、子ども自身への支援と同時に、学校等の関係機関と連携することにより、子どもの生活の基盤である家庭での養育を支援することも必要である」（第一章三の（二））

つまり放課後児童クラブとは、子どもの育成支援と、保護者の子育ての支援の双方が事業として実施されている場所です。仮に、学童保育所という語句を使って放課後児童クラブを詳しく表現するならば、「育成支援系学童保育所」と呼べるでしょう。

「預かり」「指導員」「遊び」という言葉

放課後児童クラブは、子どもが遊びを通じて異なる学年の子どもたち、いわゆる「異年齢集団」と一緒に過ごし、その集団生活を通じて育っていく場所です。そのため放課後児童クラブのことを「第二の家庭」と言うこともあります。単なる「預かり」では決してないのです。

ところが、学童保育にかかわる多くの人が、気軽に「子どもを預かる」と言います。クラブの職員も運営事業者も、行政の学童保育担当者さえも、「預かる」という言葉を多用していて、私は大変残念です。「育成支援」の考えを学んだ学童関係者の多くが、「学童保育とは子どもを預かることではないことを社会に知ってほしい」と思っている一方で、学童保育の当事者たちの多くが「子どもを預かる」という言葉を多用しています。例えば、朝子どもを連れてきた保護者に対して、「はい、ではお預かりしますね」と言うことは珍しくありません。

確かに見た目は、子どもを預かる行為そのものですし、学童保育の職員が「預かる」と言うのですから、保護者や地域の人たちが「学童保育所は子どもを預かる場所だ」と誤解するのは当然です。言葉は概念を表現します。私は学童保育業界の人には「預かる」という言葉を使ってほしくありません。
同様に、学童保育業界では放課後児童クラブで働く人を「指導員」と呼ぶことが多いのですが、すでに述べたように学童保育の仕事は育成支援です。子どもの成長を支援・援助する仕事であって子どもを指導する仕事ではありません。運営指針にも「指導」という言葉は一切使われていませんから「指導員」という言葉を使うべきではないと私は考えています。
さらに、放課後児童クラブにおいて重要な「遊び」という言葉にも誤解があるようです。放課後児童クラブでの遊びと言えば「保護者が迎えにくるまでの時間、子どもたちが遊んで過ごす（遊んで時間を費やす）」と一般には思われていると思いますが、そうではありません。放課後児童クラブにおける子どもたちの「遊び」は、「時間を費やす」ために行われているのではなく、子どもの成長に欠かせない最も重要な行為としての「遊び」なのです。これは運営指針に明確に書かれています。
「遊びは、自発的、自主的に行われるものであり、子どもにとって認識や感情、主体性等の諸能力が統合化される他に代えがたい不可欠な活動」（第二章四）
「子どもは遊びの中で、他者と自己の多様な側面を発見できるようになる。そして、遊びを通じて、他者との共通性と自身の個性とに気付いていく」（同）
「子どもは、遊びを通じて成功や失敗の経験を積み重ねていく。子どもが遊びに自発的に参加し、遊びの楽しさを仲間の間で共有していくためには、大人の援助が必要なこともある」（同）
子どもの精神世界が成長していくために、あるいは他者とかかわる上で必須のコミュニケーション能力を伸ばしていくために、「遊び」は欠かせないものなのです。

運営指針にある「大人の援助が必要なこともある」の文言にも注目してください。子どもの遊びを援助することが放課後児童クラブの職員に求められているのです。「育成支援」とは専門性の高い仕事なのです。

ところが、放課後児童クラブで働く職員にはよく「子どもと遊ぶだけの仕事だなんて楽でいいね」という言葉が投げかけられます。子どもを入所させている保護者から言われることもあります。確かにそのように見えますが、放課後児童クラブの職員は、ただ、子どもと一緒に遊んでいるのではなく、子どもの成長過程に欠かせない遊びを子どもたちがスムーズにできるように支えているのです。これはとても難しい仕事です。

非認知能力が育っていく場所

放課後児童クラブで子どもたちは、遊びながら自主性・社会性・創造性・コミュニケーション能力を自らの力で発展させていきます。また、集団での行動を通じて、人としての基本的な生活習慣が確立されていきます。それらは、大人になって社会で活動する上で非常に重要な能力です。それらの能力を「非認知能力」と言います。つまり、非認知能力は人間が社会生活を送る上で土台となる能力です。この非認知能力こそ、放課後児童クラブで子どもたちが身につけて伸ばすことができるものだと私は考えています。

非認知能力について、岩手県の医師会のホームページにとてもわかりやすい解説がありますので、紹介します。

「非認知能力とは、読み書き・計算などの数値では測れない能力をさします。大きく分けて、自尊心、自己肯定感、自立心、自制心、自信などの「自分に関する力」。そして、一般的には、社会性と呼ばれる、協調性、共感する力、思いやり、社交性、道徳性などの「人と関わる力」です」

「非認知能力は、「心の土台」のようなものです。土台がぐらつくと、小学校や中学校で、たくさんの教育を乗せられたときに、支えきれずに自分のものにできません。幼少期に、しっかりとした土台を作っていくことが大事です」

放課後児童クラブでたくさんの遊びを経験した子どもたちは、そこで伸ばした非認知能力を（知らず知らずに）活用して社会に出たとき活躍できるのだと私は思っています。そういう意味で、学童っ子はほかの子どもたちより伸びしろがあるのではないかと私は思っています。

非認知能力に問題がある職員も

子どもたちが放課後児童クラブで非認知能力を十分に伸ばすためには、放課後児童クラブの職員が、非認知能力の重要性を理解していることが必要です。もっと言えば、職員自身が非認知能力を磨いていることが重要です。

ところが実際は、放課後児童クラブの職員で非認知能力の重要な柱である主体性や自己肯定感が低い人がけっこういると私は感じています。近年の教育や親の育て方の影響なのでしょうか。私は放課後児童クラブの運営に携わっていたとき、職員の採用で面接にも参加していましたが、自分に自信がない人があまりにも多いことに気づきました。

「自分は何をやってもうまくいかない」「親や学校からいつもダメ出しばかり受けていた」という人が、「子どもたちには、そんな思いをさせたくない」と考えて、放課後児童クラブで働くことを希望するパターンが多かったのです。子どもたちの非認知能力を伸ばす放課後児童クラブで働きたいという人が、実は主体性や自己肯定感が十分に育っていない、つまり非認知能力が十分に満たされていないという皮肉な現象が起きているのです。これは学歴に関係なく大学の学業成績がかなり良好な人でもごく普通に見られます。得てして非認知能力が十分に育っていない職員は、チームワークや職員の連携による業務がうまくこなせず、個人の判断で業務を行ったり、ミスを即座に報告できず抱え込んでしまったりといった困った面が目立ちます。学童保育の世界では、職員の採用後に、職員に非認知能力の重要性を理解させるとともに、職員自身の非認知能力を引き上げる研修や教育の仕組みを整えることが重要だと私は思います。

「遊びより勉強を」と言う保護者

育成支援の重要性を理解している放課後児童クラブは、子どもの遊びの充実に力を入れますが、実のところ、多くの保護者はやはり不安です。「学習時間をもっと取り入れてくれればいいのに」という保護者からの要望は、運営事業者に対して昔から多く寄せられています。「遊びが大事なのはわかりますが、もう少し勉強もさせてくれないか」と。最近開設された民営の放課後児童クラブの中に学習面に力を入れる施設が増えてきているのも頷けます。

私は、放課後児童クラブはもっと非認知能力の伸長に関する部分を積極的に宣伝するべきだと思っています。子どもの非認知能力が十分に育たないうちに、難しい勉強、つまり認知能力の部分を無理やり育てようとしても、子どもが興味関心を持って勉強に取り組めないことが多いのです。非認知能力が十分に育っていれば、主体的に学習に取り組む姿勢が培われたり、勉強がわからなくてもあきらない姿勢も培われるのです。つまり、放課後児童クラブで過ごすあいだに非認知能力をたっぷり育てていけば、認知能力もまた伸びていく期待が持てるのです。このことを放課後児童クラブ側は、もっと保護者や社会に発信していくことが大事です。

3　放課後児童クラブ以外の学童

文科省が行う放課後子供教室

ここからは「広義の学童保育」に含まれる放課後児童クラブ以外の三つの事業形態について解説していきます。

まず「放課後子供教室」です。これは二〇〇七年(平成一九年)度から始まった「放課後子どもプラン」で初めて盛り込まれた国の事業で、管轄官庁は文科省です。文科省は、子どもを漢字で「子供」と表記しています。

放課後子供教室は放課後や週末に、小学校の余裕教室や特別教室(図工室や調理実習室等)を活用して子どもたちの居場所を設ける事業です。内容としては、学習活動やスポーツのほか、地域の方々や団体が参加しての文化芸術活動や交流など、幅広い活動を行っています。小学校の児童であれば、事前の登録だけで誰でも参加できます。実施時間は午後五時ごろまでのところが多いです。

国は「新・放課後子ども総合プラン」で、この放課後子供教室と放課後児童クラブを「一体型」として整備した施設の設置を促進してきました。「一体型」というのは、午後五時ごろまでは両事業に登録している子どもたちが同じ場所で一緒に活動し、放課後子供教室が終了した後は放課後児童クラブの入所児童が専用施設に移動して閉所時間まで過ごす、というスタイルです。このほか「連携型」という、放課後児童クラブの子どものうち希望する子どもが放課後子供教室の活動に参加できる、というスタイルもあります。

放課後子供教室のスタッフは、主に地域のボランティアや退職教員・大学生・地域おこし活動を担うNPO法人などのメンバーです。これらのスタッフを取りまとめ、実施するプログラムを策定し、必要な人材を手配するコーディネーターの役割が極めて重要です。コーディネーターの資質によって活動レベルが左右されると言えます。

放課後子供教室は、補助金の額が放課後児童クラブと比べると少ないです。多くの地域で、放課後子供教室のスタッフは有償ボランティアであることが多く、スタッフに支払われるのは「賃金」ではなく「謝金」であり、地域の時給に比べると低くなります。そのためスタッフの確保が難しく、プログラムを行おうとしても適切なスタッフが見つからず実施できない――という問題も指摘されています。

一方で、保護者が支払う費用は傷害保険料程度か無料のところが多く、経済的負担は少なくてすみます。人件費を極力抑える仕組みが、この低料金に反映されていると言っていいでしょう。ただ、保護者にとっては、利用できる時間が午後五時ごろまでという点と、毎日は開設されていなかったり夏休みなどの長期休業期間中に実施していなかったりする地域もあるという点で、放課後児童クラブの代替的役割としては不十分です。そもそも放課後子供教室は、子どもの健全育成が主たる事業目的ではないので、子どもの育ちをスタッフが丁寧に支えることは期待できませんが、平日の夕方まで子どもの居場所があれば十分、という子育て世帯なら、有効に活用できる制度だと言えます。

この放課後子供教室も、見た目は放課後児童クラブと同じなので、一般的に「学童保育」として世間に理解されています。また、人口が少ない地域では放課後児童クラブに代わって子どもの居場所として活用されてもいます。

放課後児童対策事業(全児童対策)

「放課後児童対策事業(全児童対策)」は放課後子供教室と放課後児童クラブを一つの事業に融合させた事業形態です。放課後子供教室と放課後児童クラブの一体型と似ていますが、さらに一歩進んで、双方を融合させた事業形態です。最近多くの自治体で実施されるようになってきています。

おおむね午後五時ごろまでは放課後子供教室として開設されるため、利用児童数の制限はなく、基本的に希望者は利用できます。それ以降は放課後児童クラブとして機能します。大阪市や川崎市など、小一の壁が存在しない地域の学童保育所は、この全児童対策がほぼすべての小学校で実施されています。

この事業形態は、放課後子供教室の機能を含んでいるので、小学校の余裕教室や特別教室の利用が中心です。放課後児童クラブ専用の施設を新たに設置しないですみ、施設の設置や維持管理コストを軽減できます。その一例として東京都品川区の事例を挙げておきましょう。

東京都品川区の全児童対策は「すまいるスクール」として展開しています。子どもたちが自由に遊べる「フリータイム」、さまざまな体験をする「教室・イベント活動」、宿題など自主学習を行う「学習タイム」――という主に三つの活動プログラムが準備されています。

利用は小学一～三年生は午後七時まで、四年生以上は午後六時までです。小学校が休みの日は午前八時一五分から実施され、利用料金は放課後子供教室部分となる午後五時までの利用では一カ月二五〇円。午後七時までの利用、つまり放課後児童クラブの部分まで利用の場合で月四二五〇円です。放課後児童クラブと放課後子供教室のいいとこ取りのようで、素晴らしいアイデアと思えます。しかも原則として定員がないので待機児童が発生しません。小一の壁がないことは保護者にとって十分な魅力があります。

しかし、育成支援を行う放課後児童クラブの立場から考えると困った点もあります。放課後児童クラブは育成支援として、子ども一人ひとりの育ちや家庭環境を踏まえて、子どもに最適な支援・援助を行うと同時に、保護者の子育ても支えています。その目的を達成するために保護者同士の連携が成り立つように運営の工夫もされています。

全児童対策では、午後五時ごろまでの誰でも参加可能な時間帯は利用する子どもの人数が多く、子ども一人ひとりにまで目を配ることが事実上不可能です。それ以後、放課後児童クラブとして機能する二時間程度の時間では、丁寧に子どもとかかわるには短すぎます。その結果、子どもを預かっているだけになりがちで、入所者数の制限がないのでギュウギュウ詰めの施設も多く、職員が満足に子どもに向き合う余裕がありません。常に満員電車にいるような状態であり、職員にかかわってもらえないことで子どもたち同士のトラブルも起きやすくなります。職員が子どもへ丁寧に育成支援をしたくてもできるような状況ではなく、ギュウギュウ詰めの大規模状態によるトラブルの多さも影響して、職員の消耗が激しく、仕事が長続きしないケースもあります。

全児童対策は小一の壁がない、費用が安いという保護者にとっては魅力的な事業ですが、子どもと職員にとっては決してそうとは言えません。ただ、たとえそうであっても、小一の壁に阻まれ生活を激変させられる保護者が出ないというメリットがあることも事実です。全児童対策は、子どもの育ちを大切にする学童保育とは全く違う存在の〝学童そっくりさん事業〟ですが、利用可能なスペースを広げる、職員数を増やす、保護者とスタッフが定期的に懇談する機会を設ける――などの対策があれば、放課後児童クラブの本来の役割に近づく可能性はゼロではありません。つまり、子どもの育ちへの配慮と、保護者の子育て支援についてもっと配慮した全児童対策の形態なら、ある程度は放課後児童クラブの代替的存在となることができそうです。そうなれば、保護者はさらにメリットが感じられるでしょう。

民間学童保育所の多彩な役割

近年、民間学童保育所は都市部を中心に急激に数を増やしています。放課後児童クラブとは全く異なり、児童福祉法や基準条例などの法令とは関係なく、民間企業や民間団体が自由に事業展開しており、学習塾やスポーツクラブと本質的には同じです。実際、学習塾を本業とする企業が民間学童保育所事業を手がけることは珍しくありません。逆に、学習塾を展開する企業が放課後児童クラブの設置と運営に乗り出すケースも増えています。民間企業が設置しますから当然「民設民営」の形態ですが、民間学童保育所は放課後児童クラブとは根本的に事業の目的が異なっているので、わざわざ民設民営と区分することは通常ありません。

事業内容は極めて多彩ですが、学習面に力を入れている運営事業者が多数を占めています。中には「英才学童保育！　預けるだけで成績アップ！」と、保護者の興味をそそりそうなうたい文句を掲げたり、授業のフォローだけでなく私立中学受験対策も含めた高レベルの学習機会を提供したりする事業者もあります。別料金で英語・漢字検定・食育・プログラミング・ダンス・野外活動プログラムなどの各種アクティビティを用意したり、夕食の提供や送迎などのサービスを行っているところもあります。子どもの受け入れ時間も運営事業者によってさまざまで、午後八時以降でも受け入れが可能という施設もあります。

放課後児童クラブではないので、放課後児童支援員や教員・保育士などの資格を持った職員の配置も不要です。そのかわり国からの補助金も交付されません。事業運営に必要な費用は利用者が支払う料金（月謝など）を充てるため、毎月の利用料は五万円前後。送迎や食事といったオプションサービスを加えると一〇万円に迫ることもあります。要は、事業運営に関して児童福祉法による規制がなく、自治体に届けなくても設置・営業が可能であるため、運営事業者は保護者が魅力的と感じる各種のサービスを前面に打ち出して利用者を集めることができます。一方で、法令によるしばりが全くないので、運営の質は運営事業者任せとなり、施設ごとにその内容の質にばらつきがあることがこの形態の学童保育の課題となっています。

民間学童の料金の高さ

こうした民間学童保育所は料金(月謝)が高いため、あまり使いたくない言葉ですが、「セレブ学童」「高付加価値学童」と揶揄《やゆ》する人もいます。私は、民間学童保育所は学習支援を主なサービスとして利用者を集めることが多いので、仮に名付けるなら「学習支援系児童生活支援事業」とでも命名したいと常日頃思っています。

民間学童保育所も、放課後や夏休みなどに子どもの居場所として機能していることには変わりがないので、小一の壁で放課後児童クラブに入所ができなかった場合には選択肢の一つになりますが、やはり高額な利用料金がネックになっています。

一方で、市区町村によっては、育成支援より学習支援や各種活動を主に行う施設であっても、児童福祉法による届け出を受けて「放課後児童クラブ」として取り扱うケースもあります。法令上「放課後児童クラブはこれをしてはダメ」という厳格な基準がないので、市区町村の解釈次第で、民間学童保育所を放課後児童クラブとして扱うことができるのです。札幌市や静岡市などいくつかの自治体ではそのような取り扱いをしているようです。市区町村からの補助金の交付がある場合、保護者は経済的負担をある程度は抑えながら、保護者からすれば、英語やダンス・プログラミングといったサービスを子どもに受けさせることができます。

4　放課後児童クラブの理想と現実

放課後児童クラブの実際はどのようなものなのでしょうか。私が見聞きした経験から「理想の姿」と「現実の姿」をフィクションの形で描いてみましょう。そのギャップをおわかりいただけたらと思います。

放課後児童クラブの理想の姿

ここは、小学校の敷地内に、小学校の校舎とは別棟で設けられている放課後児童クラブです。クラブの建物は軽量鉄骨造で耐震基準はもちろんクリア。建材は不燃性なので火災対策も万全です。

建物の窓は広く、子どもたちが日がな過ごすプレイルームは明るい雰囲気です。避難口も通常の出入り口と対角線側にあり、万が一不審者が玄関から侵入しても反対側から速やかに避難できる仕組みになっています。

防音にも気を遣っていて、「子どもたちの声が大きい」と近隣の住民から文句を言われたことはありません。車で送り迎えをする保護者は小学校の駐車場を利用できるので、近くの路上で違法駐車をする人はいません。

放課後、クラブに登所してきた子どもたちは「ただいま!」と言ってみな元気よく学童保育所に入ってきます。子どもたちの入退所はＩＣカードで記録され、保護者のスマホアプリに通知が届くシステムです。そのアプリを使って、保護者は欠席の連絡がいつでもできます。

入所している子どもの数は四〇人前後。一人あたりの施設の面積は一・六五平方メートルを余裕で上回っています。雨の日に子どもたちが全員施設内で過ごしても、子どもたちが密集することはなく、施設内には十分な余裕があります。そのため、子どもたちは雨の日の施設内でもストレスを感じることがなく、イライラによる子ども同士のトラブルなどはめったに起こりません。

子どもたちの外遊びには小学校の校庭が自由に使えます。小学校側の理解があって、職員の管理下にあることを条件に午後五時を過ぎても校庭を三〇分延長利用することが認められています。

放課後児童クラブに勤務している職員数にも余裕があるので、外遊びをしたい子ども、施設内で落ち着いて過ごしたい子どももそれぞれの気持ちに丁寧に寄り添うことができています。子どもたちにとって過ごしやすい環境であることは、高学年の子どもたちの姿が目立つことからもわかります。

近年は猛暑続きです。夏休み中の一日開所時、子どもたちはなかなか外遊びができません。そのため施設内で過ごす時間が増えていますが、施設内はエアコンがしっかりと効いていて、室温が二八度を超えることはありません。職員を困らせる湿気も、強力な除湿機能が備わっていて問題なしです。棚なども十分あるので、おもちゃや本が常にきちんと収納されています。

トイレは当然男女別です。多機能型トイレもあります。手洗い場は室内外にそれぞれあります。具合が悪い子どもや特別支援児が急にパニック状態になったとしても、じっくり落ち着かせる静養室もちゃんと別室で設けられています。もちろん職員の事務室も別室になっています。

職員は、正規（常勤）職員三人（うち一人は近隣のクラブを巡回するスーパーバイザー）に、特別支援児（障害児）担当の加配職員二人、補助員（非常勤）三人以上が勤務しています。職員たちは忙しいですが、休憩はきちんと取って、休日もしっかりと休んでいます。正規職員は無期雇用で、安定した収入があることから長く働いているベテランさんがけっこういます。もちろん賞与もあります。

ここでは配置職員数に余裕があるので、手作りおやつをほぼ毎日用意することができます。サービス残業や持ち帰り仕事はありません。子どもも職員も落ち着いた雰囲気で毎日穏やかに過ごしています。

子どもを迎えにきた保護者は、玄関先で立ち止まる人が少なく、靴を脱いで室内に入ってくる人が多いです。保護者たちは室内で過ごす子どもたちの様子を自分の目で見たり、職員から日中の様子を聞いたりして、子どもたちの成長を職員とともに知ることができます。

通常の閉所時間は午後七時。夏休みの開所時間は午前七時半。保護者からは利用時間に関して不満が出ることはほとんどありません。

（終）

放課後児童クラブの現実の姿

小学校から徒歩一〇分ほどかかる場所に放課後児童クラブはあります。子どもたちは交通量の多い狭い道路を歩いて通所しています。歩道のない道なので職員は毎日心配でヒヤヒヤしていますが、職員の人数に余裕がないので、迎えに行ったり様子を見に行ったりすることはできません。車の急ブレーキの音やクラクションの音を聞くたびに心臓がドキドキしています。

クラブの建物には改築した民家を借りています。一九八一年四月に建てられたそうなので、建築基準法の旧耐震基準です。クラブとして使用する際に多少は手入れをしたものの地震被害の不安が残ります。木造なので火事の心配もあります。

駐車場は数台分しか用意されておらず、子どもを送迎する保護者はやむなく路上に駐車。それが常態化しています。近隣の住民から「エンジン音がうるさい」「違法駐車は困る」と言われたり、建物に防音工事がされていないこともあって「子どもの声がうるさい！」と怒鳴りこまれたりすることがあり、職員は対応に苦慮しています。

庭はとても狭いので、子どもたちが外遊びをするのは小学校か近隣の公園です。でも公園でのボール遊びは禁止。小学校からも「放課後のボール遊びはしないで」と言われていて、子どもたちが大好きなサッカーやドッジボールができません。小学校には何度も相談に行きましたが、その都度「管理上の問題があるからだめです」とけんもほろろに言われます。そもそも職員数が少ないため、施設内で様子を見ているだけで手一杯で、外遊びを見る人がなかなか確保できません。そのため外遊びできない日も多いのです。

子どもが登所してくると、その都度職員が出欠状況を確認します。事前に欠席の連絡がなく登所してこない子どもがいると、職員は小学校に、次いで保護者に確認の電話をします。ところが小学校に問い合わせても「下校班で帰ったのか、学童班で帰ったのか確認していない」などと要領の得ない返事ばかり。保護者に連絡しようとしても、仕事中ということもあってなかなか電話に出てもらえません。保護者から連絡先として提出されている勤務先に電話を入れたところ、「かなり前に退職していますが」と言われることすらあります。

子どもの入所数は七〇人近く。子ども一人あたりの施設の面積は一平方メートルくらいで、施設内はいつでもギュウギュウ詰め。いわゆる大規模学童保育所です。子ども同士がぶつかり合うほどで、とても息苦しい環境です。

落ち着きのない子どもが多く、宿題をする時間はなかなか学習が進みません。あちこちでけんかも起こります。子どもたちは常に密集空間の中でストレスを感じながら過ごしています。特に、発達障害のある子どもにとっては過酷な環境です。突発的な行動が出てきたとき、クールダウンをしようにも、その適切な場所がクラブ内にはありません。

クラブのエアコンは家庭用の壁掛けタイプ。それも以前、引っ越していった保護者から譲り受けたものなので、室温一八度に設定してもやっと三〇度を下回るほど。湿気も多く、あちこちでカビが発生してしまう環境ですから夏はたまったものではありません。静養室はなく、子どもが熱を出したり具合が悪くなったりしたときは、カーテンで仕切って子どもを横にさせるのがやっとです。

職員の事務スペースはありますが、とても狭く、個別のロッカーを置くことができないため、補助員のロッカーは共用です。貴重品の管理やプライバシーの面で問題があるのはわかっていますが、どうしようもありません。

トイレは男女別ですが、古くて臭いこともあり、「使いたくない」と言う子どももいます。「トイレのせいで子どもが体調を崩した」と保護者から苦情がくることもあります。トイレの改修を運営本部に何度も要望していますが、「お金がない」の一点張りです。

職員は、主任として正規職員が一人いますが、雇用上は有期雇用の契約職員です。他にも有期雇用のフルタイムパートが二人。特別支援児（障害児）は三人入所しているので、補助金的には二人の加配職員の配置が可能ですが一人しか配置されていません。運営本部にたびたび増員を要請していますが、そのたびに「いくら募集しても人が来ない」と言われるばかり。補助員（非常勤）を募集してもなかなか応募がありません。今いる補助員にしても「近くのスーパーの時給のほうが高い」と不満を募らせています。

そういうわけで、登所する六〇人前後の子どもたちを加配職員含めて連日四、五人の職員で対応しています。これでは、外遊びしたい子どもがいたときには子どもたち全員を外に出さないと様子を見切れません。「とてもじゃないけれど、子どもたちに丁寧に接することができない」と、どの職員も毎日息苦しさを感じています。息苦しさを感じているのは子どもたちも同じで、四年生になった子どもたちは次々に退所していきます。そのため、クラブに在籍している子どもはほとんどが三年生以下です。「まるで動物園だ」と、職員はときどきひどい言葉を使ってしまいます。

そんな状況なので正規職員は連日残業。休憩時間にも書類作成をしないと日々の業務に追いつきません。手作りおやつの提供はとても無理。配達される菓子類を出しますが、昨今の物価高で購入できるおやつの量は減っています。保護者におやつ代の値上げを求めることも難しく職員たちの悩みの種になっています。子どもたちにしてもおやつの時間は落ち着きません。低学年が多いこともあって、いつまで経っても室内はうるさいまま。それは無理もありません。ぎっしりと詰め込んで座っているのですからイライラするのは当然です。「静かにしなさい！」と職員が何度声を上げてもまったく静かになりません。お菓子を投げて遊ぶ子もいます。常に子どもも職員もイライラして落ち着かない雰囲気で過ごしています。

子どもを迎えに来た保護者は、ほとんどが玄関先で「〇〇！　帰るよ！」と大声を上げるだけ。子どもの帰り支度を待っている間、保護者はスマホをいじっていて、職員がその日にあったことを伝えようと話しかけても「ちょっと忙しいので、またにしてもらえませんか」と断る人ばかり。そもそも、職員も忙しくて保護者とじっくり話す時間の余裕がなく、親しい関係をなかなか築けないのです。（終）

どうでしょうか。現実の姿のクラブには子どもを通わせたくないと思いませんか？　しかしやはり現実にはこうしたクラブが多数派なのです。理想的なクラブのほうは全国的に見てもあまり多くはありません。現実の学童保育が抱えている問題については第4章以降で改めて見ていくことにします。

コラム　学童保育用語の解説

ここで学童保育の世界でよく使われる用語について解説しておきます。「はじめに」でも基本用語は説明しましたが、その他の言葉を私見を交えつつ五十音順で説明してみます。

頭おかしい条例　埼玉県の自由民主党議員団が、二〇二三年（令和五年）一〇月四日に議会に提案した埼玉県虐待禁止条例の一部を改正する条例案で、子どもだけの登下校や留守番、公園で遊ぶことを「児童虐待だ」とした。その埼玉県の条例改正案に対して、全国的に盛り上がった反対運動のキーワード（頭がおかしい〔人たちが作った〕条例改正案）としてメディアでも使われた用語。「留守番禁止条例」とも言われた。いずれもインパクトの強さからかあちこちで使われたが、いくら埼玉県議会が進めた条例改正案がひどいものであったとしても、「頭おかしい」というような（差別的な）言葉遣いはするべきではない。特に子どもの前で「あの人は、頭がおかしい」と言うことには疑問を感じる。「あの人とは考え方が違う」「あの人の考え方は間違っている」と言うべきだと思う。

育成支援　放課後児童クラブ運営指針に定義されている放課後児童クラブの事業目的のこと。「子どもが安心して過ごせる場所において、子どもが主体的な遊びや生活が可能となるよう、その自主性・社会性・創造性の向上と基本的な生活習慣の確立を図ること、およびその支援・援助を行うこと」と運営指針で定義されている。学童保育所の職員はこの育成支援が業務内容となる。

運営指針　厚生労働省が定めた放課後児童クラブ運営指針のこと。国が全国の放課後児童クラブを望ましい方向に導いていくための指針とされる。指針なので法的な強制力はなく、守らなくても罰則はないが、全国の放課後児童クラブはこの指針に沿った運営が求められる。したがって放課後児童クラブの運営事業者と職員は指針の内容をよく理解し実践していかなければならないが、実際は心もとない限りである。

運営主体　学童保育所を運営する組織や事業者のこと。市区町村や営利法人・非営利法人・任意団体（保護者会・地域運営委員会）がそれにあたる。放課後児童クラブの議論の場でよく出てくる用語。

会計年度任用職員　非正規公務員の地位を安定させる目的で二〇二〇年（令和二年）四月から導入された制度に基づく職員のこと。一定以上の勤務条件で期末手当や地方公務員等共済組合保険への加入、退職手当の支給対象となる一方で、月額賃金の引き下げや会計年度終了後の雇い止めなどが問題となっている。都道府県の最低賃金とほぼ同額で雇用される場合が多く、官製ワーキングプアの温床という指摘も根強くある。

官製ワーキングプア　公営の放課後児童クラブで働く職員（おおむね、会計年度任用職員）の多くは低賃金で、毎月の手取りが一〇万円をやや上回る程度しかない場合もある。官公庁がワーキングプアの目安となる年収二〇〇万円程度の条件で職員を働かせる不正義は、早急に糾されなければならない。

虐待禁止条例改正案騒動　「頭おかしい条例」の項で触れた、全国的に注目された埼玉県の条例改正案反対運動のことを指す。子どもだけの登下校や公園で遊ぶことを含む外出や留守番を虐待とする改正案の内容に対して、「やむを得ずそうせざるを得ない状況に置かれた保護者を条例違反とすることは不条理」と猛反対する声が上がった。反対運動を受け、本会議で議案は撤回された。改正案が目指す世界の実現には学童保育所をはじめ多くの子育て支援施設が必要であり、子育て当事者の状況や意見を聞かずに性急に改正案の作成に及んだことなど、一連の過程には大いに問題があったが、「子どもだけの状況をなるべく作らない」という考え方そのものに問題はないと私は思う。

キャンプ　「学童キャンプ」とも言われる。保護者（会）が運営に参加する宿泊を伴うレクリエーション。歴史ある学童保育所には、〝夏のお楽しみ〟としてこの学童キャンプを実施してきたところが多い。子どもたちにとっては楽しみだが、職員・保護者にとってはキャンプの準備や費用の面から歓迎されないことも多く、近年は実施する学童はずいぶん減ったようだ。キャンプに参加すると保護者同士、または、保護者と職員が一気に親密となる効果はあり、「現役員が来年の役員の目星を付ける絶好の機会」とされている。

公営　市区町村が放課後児童クラブ等を運営するこ

と。

高学年だから　学童保育所の職員や保護者がよく使う言葉で、「高学年だから退所する(させる)」「高学年だからしっかりしなさい」という文脈で使われる。高学年(小学五年生以上)の学童保育所利用児童は、子ども自身が他にやりたいことがある、留守番ができる、習い事に本腰を入れるなどの理由で急減するが、もちろん、高学年になったからといって学童保育所を退所する必要は本来ない。高学年の子どもが低学年の子どもたちを相手にリーダーシップを発揮して取りまとめている姿を見られる学童保育所は、運営が安定している証拠。学童保育所ならではの望ましい光景である。

公設　市区町村が放課後児童クラブ等を設置すること。

サンイチ　三分の一(の補助金)のこと。放課後児童クラブへの補助金は、国と都道府県と市区町村が三分の一ずつ負担することが多いため、会議などではこの言葉が頻出する。

支援の単位　学童保育における子どもの集団の規模を表わす言葉。国の補助金は支援の単位ごとに設定されており、おおむね「一クラブ＝一支援」と考えてよいが、大規模学童保育所の場合は一クラブの中に複数の単位を持つこともある(名簿上の単位)。その場合は「一クラス＝一単位」となっていることが多い。

指定管理者制度　公共の施設の運営を民間の組織や団体に任せること。地方自治法に規定されている。放課後児童クラブでもこの制度の適用が増えているが、三〜五年ごとに公募による選考が必要で、事業の継続性から保護者や職員には不安の声が根強くある。一部地域では公募ではなく随意契約で指定管理者となっているところもある。

指導員　「学童指導員」とも言う。放課後児童クラブで働く職員を指す一般的な呼称。放課後児童支援員という資格ができるまで、放課後児童クラブには法令上資格者の配置が必要なかったが、国は放課後児童指導員任用資格である「児童の遊びを指導する者」の配置は望ましいとしていたことからこの呼称が定着した。

指導員だけは嫌　女性の働き手が多い学童保育の世界だが、その低い賃金水準を身に染みてわかっているために、女性指導員の多くは結婚相手として「指導員だけは嫌」と言う人が珍しくない。一方、学童保育の男性指導員の結婚相手は同じ学童保育指導員であることが多い。仕事が忙しすぎて、外の世界に交際相手・結婚相手を見つける余裕がないことが原因とも言える。

自腹　公営・民営を問わず、職員が専門的知識を得るための研修参加費を支給していない放課後児童クラブがある。その場合、職員は自費で研修に参加したり必要な資料を買いそろえたりする。クラブで使う教材や工作の材料、イベントに使う物の材料などの費用も支給されないことがあり、職員が自腹で購入するケースが多い。学童保育の世界は職員の給与が低いのでそうした出費もばかにならない。早急に改善されるべき悪弊だ。

障害児受入事業　国の補助金対象事業の一つ。障害のある子どもの受け入れを推進するための事業で、専門的知識を持った放課後児童支援員を配置することによって補助金の対象となる。補助金の額は年間約二〇〇万円。なお、障害のある子どもの受け入れ人数によって配置ができる職員数が決まる。この事業で配置された職員を「加配職員」と呼ぶことがある。

省令基準　厚生労働省が二〇一四年(平成二六年)四月に公布した省令である「放課後児童健全育成事業の設備及び運営に関する基準」のこと。省令に基づいて市区町村は放課後児童クラブ運営に関する基準となる条例を定めているが、当初は、放課後児童支援員の資格と配置は「従うべき基準」とされ、市区町村の条例にそのまま盛り込まれていたが、二〇一九年(令和元年)五月に地方分権一括法によって緩和され、二〇二〇年(令和二年)四月一日から「参酌《さんしゃく》すべき基準」(参考とする基準)に緩和されてしまった。

処遇改善等事業　二〇一五年(平成二七年)度から始まった、放課後児童クラブの人件費に対する補助金対象事業。職員の賃金を改善した場合や、地域と連携・協力するための職員・常勤職員を配置した場合に、その人件費が補助される。最大で年間約一六八万円の場合と、約三一六万円の場合がある。低賃金に悩む放課後児童クラブの職員の賃金を引き上げるための仕組みだが、全国すべての自治体がこの補助金制度を利用しているわけではない。もちろん放課後児童クラブではない学童保育所には適用されない。

全員静かになるまで　学童保育所の職員なら一度は

口にしたことがあるであろうセリフ。おやつの前、外遊びの前などに、「全員静かになるまでいただきますができないよ」とか「外に出られないよ」といったように、子どもたちの注意を促すために多用される。しかし、その効果はほとんどない。職員がこのセリフを繰り返しているうちに、おやつはどんどん冷めていき、日はどんどん暮れていく。

全国学童保育連絡協議会　一九六七年(昭和四二年)に結成された、学童保育の普及・発展を目的とする民間団体。通称は「全国連協」。学童保育の質的向上や専門性の研究、職員の雇用状況改善を求めて活動を続けており、日本の学童保育の世界を長らく支えている団体。

専用区画　厚生労働省令や自治体の条例による設備と運営に関する基準で、子どもの遊びの場、生活の場、また静養の場としての機能を備えているとされる場所のこと。部屋や間仕切りで区切られていることが原則。

卒所式　六年生の最後まで在籍していた子どもたちを送り出すイベント。卒所式に出たいがために、あまり登所しなくても在籍だけはしている子どももいる。学童で過ごした日々を写真などで振り返ったり子どもや職員が出し物を披露したりして、普段は「別に……」とそっけない子どももこのときばかりは感激して涙を見せることがある。職員や保護者にとっても感動の時間である。卒所の時期に合わせた特別なお出かけである「卒所旅行」を行う施設もある。

大規模問題　放課後児童クラブにおいて限度を超えた数の児童が入所している状態。一支援単位あたり七一人までが目安とされ、児童数が七一人以上の場合、補助金が大きく減額される。

地域運営委員会　放課後児童クラブを運営するにあたって、保護者や地域の有力者(校長や自治会長など)によって構成される組織で、任意団体であることが多い。実際の運営は保護者主体の場合が多いが、地域の実力者が口を出すことでまとまるものもまとまらない、という事態になるケースが散見される。

二分の一　二分の一(の補助金)のこと。国は、放課後児童クラブの運営費用について、利用者(保護者)と補助金の負担が五割ずつ、つまり二分の一となるように求めている。これが問題なのは、この理屈に従うと補助金の額が増えれば保護者の負担額も増えるということ。逆に、主に公営の学童保育所で、保護者の負担額を抑えたために補助金の額も少なくなり、結果として運営費が足りずに職員の給与が極めて低い額になることも起きている。

日本の学童ほいく　全国学童保育連絡協議会が発行している月刊誌。学童保育に関する情報や、有識者、運営にかかわる保護者、学童保育所職員からの原稿が掲載されている。日本で唯一の学童保育に関する専門誌。

日本版DBS　DBSは子どもを性犯罪から守るためにイギリスで導入された前歴開示・前歴者就業制限機構の仕組み。日本でも子どもと接する仕事に就く人の性犯罪歴を雇用主側が確認する「日本版DBS」を創設する「こども性暴力防止法」が二〇二四年(令和六年)六月一九日に国会で可決、成立した。放課後児童クラブの対応では求められる要件が難しくクリアすべきさまざまな点がある。子どもに対する犯罪を過去に行った者が再就職先として、資格制度が有名無実である学童保育の世界は入りやすいことから、待ち望まれていた制度である。法律の正式名称は「学校設置者等及び民間教育保育等事業者による児童対象性暴力等の防止等のための措置に関する法律」。

配置基準　放課後児童クラブにおいて必要な職員を配置するための基準。法令上は支援の単位ごとに放課後児童支援員二人以上の配置が必要だが、うち一人を補助員に代えることができるとされている。

放課後児童支援員　放課後児童クラブに配置が求められている公的な資格制度およびその有資格者のこと。二〇一五年(平成二七年)度からスタートした比較的新しい資格制度で、都道府県知事が認定し、全国どの地域でも有効。名称独占資格。この資格を取得するには、都道府県等が行う認定資格研修を受講することが必要で、基礎資格の受講ができるのは保育士や各種教員免許、社会福祉士の資格の保有者、または実務経験がある人。

保護者運営　保護者で構成される保護者会(任意団体)が、放課後児童クラブを運営すること。運営にあたっては自治体から事業の委託を受けたり補助金を受けたりするが、補助金が出ない場合もある。保護者が役員となっているNPO法人による運営も事実上は保護者運営と言える。

保護者会　放課後児童クラブを利用する保護者の連

携組織。父母会とも言う。クラブにおける子どもの育ちやイベント運営について職員を交えて定期的に話し合う。保護者会がイベントを主催することもある。かつては保護者会が学童保育所の基盤だったが、保護者の負担感から保護者会を設けないクラブも増えている。放課後児童クラブの運営を担うケースもある。会議に出席する保護者の人数が少ないことが悩みの種である場合が多い。

保護者の負担感　保護者運営の放課後児童クラブや、保護者会があるクラブで頻出する言葉。キャンプなどのイベントの準備に保護者が駆り出されるときや、事業運営に必要な書類を準備する年度末などに特に口にされることが多く、保護者が学童利用を取りやめる理由の一つになっている。その一方で、負担感をあまり覚えない保護者もいる。その違いは、保護者がどれだけ学童保育に親近感を抱いているかによる。

補助員　放課後児童クラブにおける、放課後児童支援員の資格を有していない職員のこと。フルタイムで働く常勤職員でも、放課後児童支援員の資格がないと補助員扱いとなる。

補助金ビジネス　広義には補助金を活用した仕事全般を指す。狭義かつ否定的に言えば補助金に依存する仕事のこと。学童保育の世界にはいま、指定管理者となって、または業務委託を受けて放課後児童クラブの運営を請け負う補助金ビジネスが急増している。公営事業のアウトソーシングと言えるが、指定管理者となった運営企業にとっては補助金(運営費用)が安定して得られるため、リスクの少ない事業展開が可能である。国の補助金の単価が年々上昇していて企業にとっては〝オイシイ〟事業と言える。新聞社などの大手メディア企業なども参入してきており、今後さらに拡大することが予想される。その一方で、運営企業がより大きな利益を確保するために人件費は抑えられる傾向にある。それが職員のワーキングプア化を助長している面は否定できない。

民営　民間事業者(株式会社や各種法人、任意団体)が放課後児童クラブを運営すること。

民設　民間事業者(株式会社や各種法人、任意団体)が放課後児童クラブを設置すること。

面積基準　厚生労働省令や自治体の条例による設備と運営に関する基準。児童一人につき、専用区画に対しておおむね一・六五平方メートルの面積を確保するよう求められている。この面積が確保できていない放課後児童クラブは大規模問題にあると言える。

役員決め　保護者会がある学童保育所を利用する保護者にとっては〝恐怖〟の言葉。会長・副会長・会計など、学童保育の役員は通常よくある団体と変わらないが、仕事と子育てで忙しい保護者にとって、さらに保護者会の役員まで担うとなると、それだけで精神的に参ってしまい、学童保育所を退所する理由にもなる。実際、役員を逃れられそうにない状況を敏感に察知して退所する保護者は珍しくない。まして、保護者会運営の学童保育所になると、事業の管理・運営責任まで担うことにもなる。

連絡協議会　学童保育にかかわる保護者や職員・運営事業者などが学童保育事業の発展や充実のために連携して活動する、都道府県や市区町村など地域ごとの民間団体。通称は「連協」。その多くが任意団体だが、法人格を取得している団体もある。全国的に見れば、連絡協議会が存在していない地域のほうが多い。

第3章　学童の世界が複雑になったわけ
——学童保育の歴史

「学童保育」はいったいいつから始まったのでしょう。なぜ学童保育がそのまま放課後児童クラブになっていないのでしょう。学童保育の歴史を見ていくと、現在、学童保育の世界が抱えている問題が浮かび上がってきます。この章では学童保育の歴史を振り返ります。参考資料は全国学童保育連絡協議会が毎年発行している『学童保育情報』です。そこに掲載されている「学童保育数と国の補助金と施策の推移」という記事に特に依拠しています。重要な出来事は**表6**に抽出しました。

1　民から生まれたアウトロー的存在

大正時代のセツルメント活動から？

学童保育がいつ、どこで始まったのかには諸説あり、正確にはわかりません。大正時代に都市部で

表６　学童保育の歴史

年	学童保育所の数	備考
1947（昭和22）		児童福祉法制定（12月公布）
1950年代		東京、大阪で保護者が自主的に設立
1966（昭和41）		文部省が留守家庭児童会へ補助開始
1967（昭和42）	515	全国学童保育連絡協議会発足
1976（昭和51）	1,932	国庫補助が1億1700万円計上
1986（昭和61）	5,749	男女雇用機会均等法施行（勤労婦人福祉法を改正）／都市児童館事業廃止
1990（平成２）	6,708	「1.57ショック」。出生率低下と子どもの数の減少傾向を「問題」として政府が認識
1994（平成６）	7,863	政府がエンゼルプランを策定／中央児童福祉審議会が学童保育の法制化を意見具申
1997（平成９）	9,048	児童福祉法の改正で学童保育が法定事業化（法制化）／第２種社会福祉事業と位置付け
1998（平成10）	9,627	大規模に補助金加算
1999（平成11）	10,231	新エンゼルプラン。時間延長加算
2000（平成12）	10,976	
2001（平成13）	11,830	小泉純一郎首相（当時）が学童保育の拡充を所信表明演説で表明
2003（平成15）	13,797	学童保育を子育て支援事業と定義
2007（平成19）	16,668	放課後子どもプラン創設。放課後児童クラブと放課後子供教室の連携実施を掲げる
2010（平成22）	19,744	補助金の大幅増額。子ども・子育て新システム検討会議
2012（平成24）	20,846	児童福祉法改正で学童保育の対象を小学６年まで拡大。市町村事業に位置付け
2014（平成26）	22,096	処遇改善等予算化。厚生労働省の基準省令
2015（平成27）	25,574 （以降は支援単位数）	子ども・子育て支援新制度スタート。放課後児童クラブ運営指針策定。補助金は190億円超アップの575億円に。
2019（令和元）	32,654	児童福祉法改正、従うべき基準が参酌化。補助金は約890億円
2020（令和２）	33,671	新型コロナ流行。改正法施行で有資格者の配置が参酌化となる
2021（令和３）	34,437	補助金収入３％引上げ。補助金総額1090億円に
2022（令和４）	35,337	こども基本法、こども家庭庁設置法が成立

※学童保育所数、支援単位数は全国学童保育連絡協議会の調査数

「セツルメント活動」の一環として児童の受け入れを行っており、それが日本の学童保育のルーツだと紹介している資料があります。「セツルメント」というのは、「インテリゲンチャや学生が労働者街、スラムに定住して、労働者、貧困者との人格的接触を通して援助を与え、自力による生活の向上、社会的活動への参加を行わせるための運動・活動、施設、団体のこと」です（平凡社『日本大百科全書』）。日本では一八九一年（明治二四年）の宣教師アダムズによる岡山博愛会が最初とも言われますが、セツルメント・ハウスとしては片山潜による東京・神田三崎町のキングスレー館が最初ともされ、関東大震災後に急速な発展を遂げていきました。

そうした流れの中で学童保育のような事業が一九四〇年代後半に大阪府内でスタートしたとか、同時期に東京と大阪で始まったとか言われています。『学童保育情報』では一九四八年（昭和二三年）に大阪市の今川学園で始まったとされていますが、今川学園はホームページで「一九五二年（昭和二七年）五月に学童保育を開始した」としています。いずれにせよ一九五〇年代に東京・大阪で保護者の共同運営で自然発生的に学童保育が始まったようです。一九五八年（昭和三三年）には東京都北区の町内会が運営する「豊島こどもクラブ」が単独の学童保育として地域に定着しています。

確実なのは、一九四七年（昭和二二年）に制定、翌四八年に施行された「児童福祉法」には放課後児童健全育成事業は記載されておらず、したがって放課後児童クラブのことも学童保育のことも記載されていないということです。つまり児童福祉法が制定された当時は「学童保育」という概念そのものが存在していなかったということです。児童福祉法に記載され、全国各地に設置されていった保育所や児童館とは対照的です。この時期、国は児童福祉サービスとして小学生が放課後を過ごす居場所としてすでに法的に存在していた「児童館」の利用で事足りるとして考えていたのでしょう。一九四九年（昭和二四年）に日本初の公立児童会館が札幌市に設置されています。

学童保育を求めた人々

確かに、まだこの時代は専業主婦が一般的で、多くの子どもたちは放課後や夏休みに地域の子どもたちや祖父母と一緒に過ごしていました。それでも、児童館とは異なり、決まった子どもたちが決まった場所で過ごし、それを専任で見守る大人が存在する学童保育の仕組みが必要だった保護者が中心となって、自発的に学童保育という仕組みを生み出したのです。保護者たちは「保育所」の延長というイメージで「学童保育」という言葉を自然に使うようになったのでしょう。

学童保育所がすでに誕生していたにもかかわらず、すぐに児童福祉法に規定されなかったことは重要なポイントです。同法が改正されるまでの約四〇年の長きにわたって、学童保育は法的な根拠がないアウトロー的な存在として、その歴史を刻むことを余儀なくされました。法令による全国統一の基準や仕様がないことで、学童保育所は設置されたその地域ごとに独自の発展を遂げていきました。まさにこのことが、今でも学童保育所の運営形態が地域ごとに異なっていたり、市区町村で学童保育所を担当する部局が異なっていたりする要因です。誕生と発展の歴史に原因があるのです。

高度成長期のカギっ子

日本が高度経済成長期（一九五五～一九七三年頃）を迎えると、夫婦の共働きが増えてきました。この頃に誕生したのが「カギっ子」で、社会問題にもなりました。特に夏休み期間中などに子どもを留守番させることへの不安から、都市部を中心に、必要に迫られた保護者たちが知恵だけでなく資金も出し合って場所と人を確保し、学童保育が自主的な任意事業として相次いでできていきました。こうした動きに応じて、例えば東京都は一九六四年(昭和三九年)に学童保育事業運営要綱を定めるなど、地方自治体で学童保育の仕組みを整える動きが起こってきます。

この時代に大都市近郊に相次いで建てられた大規模団地は、入居者の多くが高所得者であり、学童保育の需要も団地が増えるとともに増していったようです。

私が住んでいる埼玉県上尾市では、一九七〇年(昭和四五年)の夏休み期間中に、尾山台団地の住人が協力して子どもを受け入れる形で学童保育が始まったと記録されています。ただ、受け入れに適した設備がなく、バスを借りての「移動巡回学童保育」だった時期もあったようです。それから市内各地に、やはり団地のある地域の保護者が相次いで学童保育所を開設しました。市も設置に際して独自の補助金を支給しました。

この時代、国はカギっ子問題対策として児童館を活用する方針を打ち出していました。私は小学校低学年(一九七〇年代後半)のとき、東京都多摩市に住んでいましたが、児童館が留守家庭の子どもの受け入れを行っていて、私も小学校近くの児童館で放課後や夏休みを過ごした記憶があります。

この児童館を留守家庭児童の居場所とする考え方は一九八六年(昭和六一年)に取りやめられています。児童館の整備に、保護者不在の児童数の増加が追いつかなかったからだと考えられています。

2　地域ごとに独自の進化――「あってよかった学童保育」の時代へ

「つくり運動」の七〇年代から八〇年代

一九七〇年代から八〇年代は、学童保育を必要とする保護者の活動が盛んになり、各地で学童保育所が増えていった時代です。この時代は「つくり運動」という学童保育のキーワードが存在しました。文字通り学童保育所を作る運動という意味です。学童保育所が必要だ、でも存在しない、だったら自分たちで作ってしまおうというわけで、大変な苦労を重ねて保護者たちが学童保育所を作っていったのです。その結果、「あってよかった学童保育」という言葉も自然に生まれました。

当時も学童保育所（放課後児童クラブ）は法令上、存在していません。アウトローのままでした。住民に保育のニーズがあれば市区町村は保育を行わなければならない――という保育所とは異なり、学童保育の対象となる小学生に対して、市区町村は居場所を設置・提供する義務がありません（今でもそうですが）。

そのため、学童保育所を必要とする保護者たちが協力し合って、土地を探し、建物を探し、子どもの様子を見てくれる「指導員」を募集して雇用することになります。給料の計算も、社会保険の手続きも、税金の納付も、補助金の申請も、保護者が毎月支払う月謝（保育料、保護者負担金）の徴収なども、運営に関するありとあらゆる業務を保護者が手弁当で分担して行っていました。大変だったと思いますが、保護者がやるしかなかったのです。それが今も保護者運営の形態として、学童保育の世界では続いています。

この時代は、保護者と学童保育の職員は密接にかかわっていました。学童保育所の運営の方針も、保護者と職員が一緒に考えていました。「子どもを真ん中に、指導員と保護者が手を取り合って運営する学童保育所」が理想の学童保育所として語られていました。昼間は保護者が働いているので保護者と職員との協議・相談・会議などはおのずと平日の夜や週末に行うことになります。学童保育所の運営に関する業務を保護者が負担することが当たり前の時代でした。このため当時から「学童保育所を利用したいけれど、負担が大きすぎて無理」という人もいました。

学童保育事業の費用の補助を行政に求めつつ、学童保育所を設置し運営していくことは誰にとっても大変な負担でした。資金がなく、ようやく見つけた建物は、いかにも倒壊しそうなおんぼろ家屋。空いている土地があっても市街化調整区域で建物が建てられず、行政と長年にわたって交渉を重ねて、住居ではないことからようやく建設のＯＫが出た――といったように、「つくり運動」の時代は難題も多く、大変だったという話を私はほうぼうで聞いてきました。

ついに国の補助金

学童保育所を必要とする世帯が増えていき、その要望が高まりつつある中で、国の補助金が一九七六年(昭和五一年)からようやく出ます(ただし児童館で行う事業に対する補助金)。学童保育誕生から二〇年が過ぎた頃の話です。保護者が設置した学童保育所に対して、多くの市区町村が設置の費用や職員雇用の経費についてそれぞれ独自の補助金で対応していました。ただ、法律の根拠がない学童保育ですから、それぞれの地域ごとに援助の方法は異なりました。

例えば、地域によっては、学童保育所の担当が教育委員会となりました。そうした地域では、早くから小学校の建物内に学童保育所が確保され、運営そのものも教育委員会が行う――つまり公設公営方式の学童保育所となりました。

公設公営の埼玉県川越市

埼玉県川越市も教育委員会が学童保育所を担当していますが、一九七四年(昭和四九年)に「川越市学童保育室条例」を制定して、それまで保護者による自主運営をしていた学童保育所を徐々に公設公営の運営に切り替えました。学童保育所の運営を市区町村が行うようになれば、保護者は運営の重責から逃れることができます。「つくり運動」には、学童保育所の公設公営化を求める保護者の強い要望が含まれていました。

当時、学童保育を必要としている人は公務員の共働き世帯、とりわけ女性が早くから活躍していた教育界で働く夫婦が多かったと聞きます。ほかにも医療関係(看護師)など、女性の活躍がすでに当たり前だった業界の人たちが学童保育所の利用の中心であり、「つくり運動」の中核にいたと言えるでしょう。そうした保護者たちの活動に対し、保護者が働く業界を支援する労働組合や政治団体も「つくり運動」のバックアップに乗り出していました。

とはいえ、市区町村の捉え方はさまざまで、川越市のように公設公営を推進していった地域もあれば、補助金を出すことで運営をバックアップしていた地域も多数ありました。保護者会運営の地域では、自ずと民営の学童保育所が主流となりました。市区町村の学童保育所の担当も、首長部局（福祉部や総務部など）の場合もあれば、教育委員会の場合もありました。これが今も全国の市区町村で、学童保育の担当部署が異なっている理由です。

3　少子化対策で注目される学童保育

学童保育の法制化

学童保育の大転換期が一九九〇年代に訪れました。きっかけは一九九〇年（平成二年）の「一・五七ショック」です。合計特殊出生率（女性一人が生涯に産む子どもの平均推定人数）が過去最低を記録したことで、政府は少子化問題の対策に取り組むようになったのです。翌九一年（平成三年）に国は「放課後児童対策事業」として学童保育への補助金の交付を本格的にスタートさせました。アウトローの学童保育にようやく光が当たったのです。

二〇一〇年（平成二二年）に政府がまとめた「子ども・子育て白書」には、一・五七ショックの時代について、

「出生率の低下と子どもの数が減少傾向にあることを「問題」として認識し、仕事と子育ての両立支援など子どもを生み育てやすい環境づくりに向けての対策の検討を始めた」

と記載されています。三〇年以上も前に国の少子化対策は始まっていて、今なお解消の糸口すら見つからないことからもこの問題の難しさがわかります。

一・五七ショックの以前から、全国学童保育連絡協議会などが学童保育のアウトロー的状態を解消するべく、法令に基づく仕組みになるよう国に要望していました。一九九六年(平成八年)に中央児童福祉審議会が学童保育の法制化を提言し、翌九七年(平成九年)に児童福祉法が改正されて「放課後児童健全育成事業」と定義されました。これが「学童保育の法制化」です。改正された児童福祉法は翌九八年(平成一〇年)に施行され、社会福祉法にも「第二種社会福祉事業」として規定されました。

学童保育の法制化は、学童保育の歴史において最も画期的な出来事でした。法制化を求めて活動を続けていた学童保育関係者の努力が実り、少子化対策の一つとしての学童保育の重要性を国に認識させたのです。私は学童業界の先人たちに心からの感謝を申し上げたい気持ちです。

地域の実情に応じた形で

こうして法制化が実現したのですが、学童保育の将来像や望むべき方向性は法律に示されず「現状追認」に留まりました。

代わりに条文には、設置形態や運営主体がバラバラという現実を踏まえて「地域の実情に応じた」という語句が入っています。一つの事業形態に整理することができず、統一された事業形態を打ち出すこともできなかったのです。「法制化の後も、市区町村は実情に応じて必要であれば学童保育をやってください」という、いわゆる「任意事業」の位置づけです。任意事業であるため、学童保育への財政的な補助は、保育所のように義務的なものではなく、市区町村が必要と考えた場合にしか行われません。学童保育の運営にとっては実務上大きな進展はなかったのです。その結果、今に至るまで学童保育は幅広い事業形態を含む概念であり続け、財政的な補助の仕組みも貧弱なままとなっています。

一方で、児童福祉法に「放課後児童健全育成事業」という名称で学童保育が規定されたことには大きな意味があったと私は考えています。保育所の延長で子どもを受け入れる業態から「学童保育」という名称はとてもわかりやすいのですが、法律上は「保育」ではなく「健全育成」という語句を使っています。「小学生の児童は、自分で成長していく力がある。子どもたちが育っていくために、遊びと生活の場を用意する」

という趣旨を、すでに先輩格として児童の健全育成に貢献していた児童館にならって法律に盛り込んだことになり、これで学童保育所が単なる子どもの預かり場ではないことが明確になりました。学童保育業界からは、法制化に際して「学童保育」という言葉を使ってほしいという希望があったようですが、仮にそうなっていたとしたらどうでしょう。「保育」という語句から想像されがちな「子どもを預けておく場」という一般的なイメージがさらに固定化していったのではないでしょうか。むろん保育は養護と教育を一体として行う専門性の高い分野で、かつ保育士は小学生を含む一八歳までの児童を対象とする児童福祉の専門職ですから、あくまでも「保育」への一般的なイメージということですが。

児童館に配置され、子どもの自主性や社会性などの育成を任う児童厚生員（一九九八年〔平成一〇年〕から「児童の遊びを指導する者」に変更）の存在も、学童保育を単に子どもを受け入れる場ではなく育成支援を行う場であると定義づけた大きな要因です。法制化の時点ではまだ学童保育所に有資格者の配置義務はまったく考えられていませんでした。「学童保育指導員」という名称で、児童の遊びを指導する者と同様の活動を行う職員の配置が期待されていたからです。

このように、法制化にあたって「放課後児童健全育成」という文言を使うことで、国は、単なる小学生の預かり場ではなく子どもの育ちを支える専門性のある仕組みだということを明確にしたかったのではないかと私は感じています。当然、そこに至る背景には、長年にわたる学童保育関係者の専門性を深める研究活動が影響したのでしょう。

同時に、法制化の時点で一般的に広まっていた学童保育・学童保育所とは必ずしもイコールの関係にならない放課後児童健全育成・放課後児童クラブという概念が生まれました。時代が進むとともに学童保育には放課後子供教室や民間学童保育所が含まれるようになって捉え方が広まり、放課後児童クラブとの差が広まることになったのです。

とはいえ、当時すでにバラバラに存在していた学童保育を無理やり一つの業態として概念を取りまとめて固定化することは不可能だったと思います。

学童をめぐる新たな課題

さて、二〇〇〇年(平成一二年)以降は、日本全国の公営事業に大きな転機が訪れました。「聖域なき構造改革」「官から民へ」の大きな動きです。地方自治法が改正されて指定管理者制度が始まり、公営の学童保育所が次々に民営化されるようになりました。これに伴い、新たな課題が学童保育の世界を悩ませるようになっていきます。

ちょうどこのころは、一九九八年(平成一〇年)に成立した「特定非営利活動促進法(NPO法)」を受け、学童保育所を運営していた保護者会が相次いでNPO法人化していきました。法人化を果たしたことで団体の信用度がアップし、補助金の交付が認められたり、金融機関の口座を速やかに開設することができたりと、大きなメリットがあったため、学童保育所の民営化の受け皿としてNPO法人が活用されていったのです。なお、現在では一般社団法人や株式会社の設立が容易になったことで、学童保育所を運営する保護者の団体が法人格を得ようとした場合、NPO法人より一般社団法人や株式会社を選択するケースが増えているようです。

東日本大震災の影響

この時代で忘れてはならないのが、二〇一一年(平成二三年)の東日本大震災です。東北地方を中心に、学童保育所も大きな被害を受けました。児童の下校時刻と重なり、緊迫した中で避難したケースが多かったと聞いています。また首都圏でも交通網が麻痺したため、閉所時刻になっても子どもの迎えに間に合わないケースが続出しました。実は私もその一人で、地震発生当日は都内の勤務先から地元にたどり着けなかったため、臨時にファミリーサポートの方が子どもに夕食を食べさせてくれました。その後、私は知人宅で一晩過ごさせてもらって、翌日、子どもを引き取ることができました。被害を受けた学童保育所の復興には長い時間がかかり、今なおその影響が残る地域もあります。

4 位置づけが大きく変化――「あって当たり前」の時代に

法令で定められた枠組み

法制化をめぐる変革と同じぐらい、いやそれ以上に学童保育の世界に大きな変革が起きました。二〇一五年（平成二七年）から始まった「子ども・子育て支援新制度」です。この新制度によって、公の資格である「放課後児童支援員」という資格が誕生し、大変緩やかながらも設備や人員の配置に法令で基準が設けられたのです。

国は制度の実施にあたり、厚生労働省令と、それを受けて市区町村が制定した基準条例によって、一定の法令による枠組みを定めました。その結果、放課後児童クラブには、放課後児童支援員が必ず勤務していることが求められるようになりました。国からは運営指針も公表され、これが運営面での目標となりました。

このときまで各地の運営主体は保育士資格や教員資格の保持を正規職員採用の基準として独自に規定することで、事業者のできる範囲で子どもたちへの支援の質を向上させようと取り組んでいましたが、自主的に設けた基準と、国が義務として求める基準とでは、やはりその意義に大きな差があります。

低賃金改善に向けて

学童保育業界の低賃金問題に国が取り組むようになったのもこの時期でした。二〇一五年(平成二七年)度から、職員の賃金改善を行う補助金である「処遇改善等事業」が始まったことは評価できます。さらに後日、資格者を対象にした「キャリアアップ補助金」制度も設けられました。もちろん、まだまだ不十分ですが、徐々に改善されていることはたしかです。

相次いで新たな補助金メニューも創設されるようになりました。ICT化推進や、運営に関する業務を担当する人員への補助金などです。その一方で、「新・放課後子ども総合プラン」で放課後子供教室との一体型化を国が強力に推し進めたり、指定管理者制度が始まったりしたことによる弊害も目立ってきたのもこの時期の特徴です。

子ども・子育て支援新制度のスタートによる基準条例の制定や資格者の配置の義務化を学童保育業界はおおむね歓迎していました。もちろん資格については、「国家資格ではない」「取得が容易すぎる」といった不満もありましたが。

支援員配置基準の参酌化

ところが、「これで徐々に育成支援の質の底上げが進むだろう」という学童保育側の期待は、早々と打ち砕かれます。二〇二〇年(令和二年)に、放課後児童支援員の配置義務が緩和されたのです。「放課後児童支援員が確保できない」という全国各地からの要望を受けてのことでした。配置の基準が「参酌《さんしゃく》化」され、学童保育業界に大きな失望を与えました。国は放課後児童クラブの内容を充実させたいのか、それとも以前のような何でもありの混沌とした状態に戻したいのか、よくわかりません。

この時代、放課後児童クラブの数も急激に増えています。支援の単位が二〇一五年(平成二七年)には二万五五七四だったのが、二〇二〇年(令和二年)には三万三六七一に、二〇二二年(令和四年)には三万五三三七と、まさに急増しています。昭和の保護者による「つくり運動」時代には、「あってよかった学童保育」というスローガンがありましたが、令和の現在は「あって当たり前の学童保育」の時代になりました。学童保育というサービスが、国民にとって「存在して当然の公共福祉サービス」として理解されつつある――ということでもあります。

コロナ禍で真価が問われる

「存在して当然の公共福祉サービス」の真価が問われたのが、二〇二〇年(令和二年)年から始まった新型コロナウイルスの大流行です。この年の二月二七日夕刻に、安倍晋三首相(当時)が三月二日から春休みまでの一斉臨時休校を求めたのです。

当時、私は学童保育所の運営を担っていました。このニュースを知らされ、「これは大変なことになった」と気を引き締めました。新型コロナウイルスの流行は社会にパニックを引き起こしつつありました。しかし、当時はまだ多くの保護者は普通に出勤していた時期。小学校が臨時休校ともなれば、朝からの学童保育所の開所が必要でした。

つまり、この日は木曜日で、臨時休校が始まる三月二日は翌週の月曜日ですから、三月二日の朝に子どもを受け入れるには、翌日の金曜日のたった一日間で施設開所の準備を整えなければならなかったのです。今思い出しても、驚きの事態です。

しかし、朝から開所するニーズが本当にあるのかどうか、職員が確保できるか、開所するとしても何時からなのか、必要な経費はどうするのか――。最終的には市区町村の判断をあおぐ必要がありましたが、地域行政も右往左往していました。

多くの職員が不安でいっぱいでした。感染を避けようと出勤を希望しない職員も当然いました。まだ新型コロナウイルスの脅威がどの程度かわからない段階でしたので、どの地域の学童保育所も突然の学校休業への対応で途方に暮れたと思います。

私も、なかなか決まらない行政の方針に気をもみながらも、職員全員に次のことを訴えました。

「こういう厳しい状況でこそ、学童保育所の社会的な存在意義が問われる。医療従事者やライフラインの業務に携わる人など、勤務を続けなければならない保護者は大勢いる。そのような人たちの就業を支えなければならない。それは、この社会を支えることと同じ。ここで私たちが頑張れば、それが学童保育所に対する社会からの高い評価につながる。それはいずれ、私たちの社会的な地位も引き上げることになる」

職員が一丸となって、開所の準備をし、臨時休校の日に間に合わせることができました。その後、職員に感染者が出るたびに、心の中で「本当に申し訳ない」と思いながらも、残った職員を叱咤激励して、朝からの開所を続けました。

あの時期の学童保育所は、感染の恐怖と戦いながら、多くの保護者の就労を支えました。社会活動を支えた社会インフラとしての存在意義を証明したと思います。

第4章　「子どもをあきらめた」の衝撃
——学童保育の貧困

学童保育の世界は厳しい低賃金の世界です。徐々に補助金が整備されて改善に向かってはいますが、それでもまったく不十分。職員の低賃金が学童保育の世界をより深刻な状況に追い込んでいます。この章では貧困に苦しむ学童保育職員の実態をありのままに紹介します。

1　「子どもをあきらめた」という投稿

「学童で働いていると結婚できない」

二〇二二年（令和四年）一二月初め、学童保育所で働いているという人によるX（旧ツイッター）の投稿に私は愕然としました。「給料が安くて夫婦で生活するのがやっと。子どもをあきらめた」というのです。

この投稿を見たとき、悲しみと悔しさと怒りが同時に湧き上がってきました。「学童で働いていると結婚できないから、好きな仕事だったけど辞めた」という話も、これまで何度となく耳にしてきました。そのような状態を放置していいわけがありません。

かつてSNSに投稿された「保育園落ちた日本死ね」が保育所の待機児童問題の深刻さを社会に投げかけたことで、保育所の待機児童対策は全国で一気に前進しました。一方、学童で働いている人が低収入を理由に「子どもをあきらめた」という投稿には社会は関心を示しませんでした。子どもをもうけるかどうかは夫婦間の私的な問題である、低収入でも子育てをしている人は大勢いる、子どもが欲しいなら生活できる収入がある仕事に転職すればいい——というような考え方が背後にあるためと思われます。要は〝自助努力の問題〟ということでしょう。

しかし、私の考えは違います。この投稿は、社会が抱える非常に大きな矛盾を突き付けたと感じました。子育て支援の世界で働く人が、低賃金を理由に自分の子どもをあきらめざるを得ないというのは異常なことです。まさに社会正義に反しています。

学童職員の賃金の低さ

学童保育業界の低賃金を如実に示す調査結果があります。厚労省が行った「令和四年度　子ども・子育て支援推進調査研究事業　放課後児童クラブの運営状況及び職員の処遇に関する調査」の報告書です。

この調査によると、二〇二二年(令和四年)三月末時点での放課後児童クラブに従事する職員一人当たりの賃金の年間支給額(給与+手当+賞与などの一時金)は、月給制の常勤雇用者(正規職員、平均年齢四七歳、平均勤続年数六・一年)が二八五万六五二九円でした。ここで言う常勤雇用者には放課後児童支援員の資格がある者とない者(法令上は「補助員」)が含まれています。

ワーキングプアとは一般的に生活保護に相当する程度の収入、すなわち月収一七万円台、年収ではだいたい二〇〇万円以下で生活している状態とされています。学童保育職員の平均賃金二八五万はこの定義にあてはまらないものの、一般的に二〇〇万円台で生活するとなると、生活保護は受けられない上に、後年年金給付があるとしても社会保険料などが毎月控除され、手取りは一〇万円台となって生活は大変苦しいです。また、この調査の対象者の平均年齢は四七歳であるということに注目すべきだと思います。若者でもこの年収では苦しいのに、子どもの教育費や住宅ローンなどで何かと物入りの四七歳にして、賞与込みで年収三〇〇万円に届いていないのです。子どもは塾に通わせられず住宅の購入など夢のまた夢の状況です。

二〇二三年の報道に大きな反響

この調査で明らかにされた学童保育職員の平均年収額について、二〇二三年(令和五年)一二月三日に読売新聞が報じました。ヤフーニュースでも取り上げられ、数千ものコメントが寄せられました。Xでもトレンド入りして、多くの反響がありました。

なお、学童保育の世界では「公設公営」の学童保育(放課後児童クラブ)の職員の低賃金も長いあいだ問題になっていて、「官製ワーキングプア」と呼ばれています。二〇二三年に公表された調査もそのことを裏付けるものでした。公設公営の学童保育の月給制の常勤雇用者の年間支給額（給与＋手当＋賞与などの一時金）は、二三九万三六〇一円だったのです。全体平均からさらに五〇万円近くも低いということになります。

全国学童保育連絡協議会（全国連協）がまとめたデータも見てみましょう。二〇一八年（平成三〇年）の調査なので若干古いデータですが、放課後児童クラブ職員の雇用条件について調べたものです。

週の所定労働時間が二〇時間以上の人を対象にした年収の調査（回答者四九七二人）で最も多かった回答が「一〇〇万円以上一五〇万円未満」で全体の二八・七二パーセント（一四二八人）でした。「三〇〇万円以上三五〇万円未満」は全体の四・一四パーセント（二〇六人）に過ぎません。年収三〇〇万円未満と回答した人は全体の八五・三一パーセント（四二四二人）もいました。

学童職員の賃金の決まり方

一九五〇年代に学童保育が誕生してから一九九〇年代まで、学童保育職員の多くは子育てを終えた女性でした。育児のために保育所や小・中学校を退職した保母や教員の免許を持つ人が仕事を再開したり、保母や教員の免許がない人が学童保育所を運営する保護者から頼まれて働いたりしていたのです。

また一方で、大学などで保育や教育を学んで資格を取った人が卒業後すぐに働くパターンも多少はありました。ただ、そのまま一〇年、二〇年と長く働き続けられた人は稀でした。理由はもちろん低賃金です。学童で働いて得られる収入ではとても生活していけません。

2　少なすぎる国の補助金

支援の単位の児童数

放課後児童クラブに設定されている国の補助金の中心は「運営費」ですが、その「基本額」の低さが問題です。

基本額は、「支援の単位あたりの児童数」が「三六〜四五人」の場合に最も高く、それを上回っても下回っても減額されます(表7)。児童数が多い場合の減額のほうが大きく「七一人以上」は「大規模」とみなされ金額が大幅にカットされます。そうすることで国は大規模状態を回避する努力を市区町村に課しているのです。

四〇人前後の児童数は、放課後児童クラブにおいてはたしかに適正規模で、その状態で必要な職員数を確保して運営するためには年間一五〇〇万円前後の予算が必要となります。必要な予算額はもちろんそのクラブに勤務する職員の数(人件費)や家賃など固定費の額によって前後しますが、一〇〇〇万円を下回る予算での運営は、よほど人件費を切り詰めるか家賃負担がないなど特別な事情がなければとても無理です。

ところが、四〇人前後の児童数であっても国が設定している補助金の基本額は、約四八〇万円。それでは到底足りません。もともと国は、放課後児童クラブの運営にかかる経費の五割を補助し、残り五割は利用する保護者が負担するという考え方を市区町村に提示しています。すると、四八〇万円の

表7　運営費補助（2023年度）

支援の単位あたりの児童数	補助金額
1〜19人	2,558,000円－（19人－その単位の児童数）×29,000円
20〜35人	4,734,000円－（36人－その単位の児童数）×26,000円
36〜45人	4,734,000円
46〜70人	4,734,000円－（その単位の児童数－45人）×69,000円
71人以上	2,917,000円

※放課後児童支援員が開設時間すべてにおいて１人以上配置されている場合の基本額

基本額とほぼ同じ額を保護者が負担するということは、四〇世帯が入所しているクラブならば、一世帯が負担する一カ月の利用料は一万円になります。

補助金と利用者の負担額を半々にすることを前提にすると、職員の低賃金を改善するためには、補助金の増額と合わせて利用者の負担額を増やすことになります。

現在、公営の放課後児童クラブの多くが、保護者の利用料を毎月数千円台に設定しています。これは利用する保護者にとってはおおむね好評で、民設民営の月数万円の学童保育所に比べるととても安いと思います。ただ、これでは運営事業者の収入が少なく職員の賃金を上げることはできないことも事実です。そのため市区町村が補助金を出すことができれば、それが一番いいのです。

国が重要性を認めていない問題

補助金にはさらに問題があります。それは、そもそも人件費の補助単価が低いということです。運営費に含まれる人件費は二〇二三年（令和五年）度まで常勤職員一人と非常勤職員二人の計三人分の人件費を想定したものでした。国の「福祉職俸給表」に基づいて常勤職員は年収約三一〇万円、非常勤職員は約一八〇万円とされています。常勤職員でも手取りにすると二〇〇万円台になってしまいます。しかも、三一〇万円になったのは二〇一七年（平成二九年）度からで、それ以前は全員が年収一七四万円程度の非常勤職員三人分の想定でした

そもそも職員は三人では全く足りません。正規職員（常勤職員）二、三人に加えて非正規職員、つまりパートやアルバイトの職員が連日三〜五人は勤務していないと、十分な育成支援の業務はできません。しかし、補助金で想定されている人数以上に職員数を増やせば、一人あたりの賃金額はさらに減ります。近年は物価高騰の影響で水道光熱費や通信費などの必要経費も増える一方です。経費を減らすためには人件費を削らざるを得ません。

国は学童職員の専門性を認識し、人件費の補助単価を高くするべきです。

3　運営予算の不足

大阪市・海老江学童保育所のクラウドファンディング

二〇二三年（令和五年）九月下旬、インターネット上で「学童が資金難で存続の危機です。子どもたちの未来のためにご支援を！」と訴えるクラウドファンディングが登場しました。大阪市福島区にある民設民営の放課後児童クラブの海老江《えびえ》学童保育所が呼びかけたものです。具体的には、「令和六年四月の一か月分の指導員の人件費四二万円と家賃一〇万円の合計五二万円を確保したい」「現在の預貯金が令和六年三月には〇円になるため、何とか五二万円あつまれば、令和六年四月も運

営できるというギリギリの状態」

と書かれています。

大阪市は全児童対策である「児童いきいき放課後事業」を実施していて、基本的に午後六時まで(延長して午後七時まで)子どもの受け入れを行っています。費用も年額五〇〇円と格安で、多くの子育て世帯が利用しています。しかし仕事によっては退勤時間が遅く、退所時間を延長しても子どもを迎えに行けない利用者もいて、この「児童いきいき放課後事業」だけでは仕事と育児の両立に支障が出る世帯もあります。そのような世帯のために民設の放課後児童クラブが子どもの受け入れを担っています。一九七八年(昭和五三年)発足の海老江学童保育所もその一つで、午後七時三〇分まで開所しており、医療従事者など多くのエッセンシャルワーカーの命綱にもなっています。

海老江学童保育所にも大阪市からの補助金が交付されてはいますが、おおむね二〇人台で推移してきた入所児童数が新型コロナウイルス流行を機に一〇人台に減ったことで、補助金の額も利用者から集める利用料も減ってしまい、運営が大変厳しい状況に陥ってしまったのです。年度末に資金が底をつき、次に補助金や利用料が得られるまでの期間を何とかしのぎたいということでクラウドファンディングを始めました。海老江学童保育所はクラウドファンディングの開始にあたって、「利用児童数は少ないですが、働く保護者と子どもたちの安全な居場所として海老江学童保育所の活動を継続して運営していきたい」と悲痛な決意を語っていました。

子どもに接しない職員の人件費

補助金をめぐっては、まだ問題点があります。放課後児童クラブの現場では補助金の大半が子どもの育成支援にかかわる職員の人件費に使われていますが、学童保育も事業体ですから——特に複数のクラブを運営するような組織ともなれば——普通の企業のように「人事」「財務」「総務」などいわゆる運営機能(本部機能)を担う人員が必要となります。公営のクラブは市区町村の職員が担うことになりますが、民営のクラブであれば、収入から運営担当の職員に支払う人件費を捻出しなければなりません。

運営機能に対する補助金としては二〇二一年(令和三年)にできた「放課後児童クラブ育成支援体制強化事業」というものがあります。これは放課後児童クラブにおける周辺業務を担当する職員配置に関する補助金で、支援の単位あたり上限が約一四四万円です。これを運営本部やバックオフィスに適用できないわけではありませんが、厳密に言えば、そのための補助ではありません。

結局、複数のクラブを運営する民営事業者は、現場で育成支援に従事する職員の賃金を抑制して運営担当職員の賃金を確保することになります。

運営するクラブが一、二カ所のごく小さな事業者ならば、運営担当者は非常勤職員や現場の職員の兼務でも対応できます。しかし運営するクラブが数十カ所にも及べば、給与や社会保険料にかかわる労務・財務関係の事務作業が増えるほか、高年齢者や障害者の雇用に関する報告など、大きな事業者ならではの業務も増えてきます。

保護者会由来学童の微妙な問題

もう一つ、難しい問題があります。学童保育の民営の運営事業者が、保護者会や地域運営委員会に由来し、運営責任者に保護者や元保護者がいる場合、保護者の立場を理解しているがゆえにその経済的負担を軽減しようとする意思が働き、利用料を低めに設定しがちになります。保護者（利用者）から「同じ保護者ならわかるでしょう？　もっと利用料を下げてほしい」と要望されることもあります。それはもちろん、職員の収入減につながります。

運営に加わる保護者の多くは、学童における子どもの成長を大事にしたいと考えています。しかし、その考えを実現するために現場で働く職員数を増やしていくと、結果として職員一人あたりの賃金が抑制されることになり、離職者が多くなり、質の高い人材の採用も困難になるという悪循環に陥ります。

4　職員の貧困を加速させる補助金ビジネス

学童保育を手がける営利企業の増加

いま、学童保育所の運営を手がける営利企業（株式会社）が急速に増えています。国は少子化対策として補助金を年々増額して放課後児童クラブが増えることを後押していますが、この状況をビジネスチャンスとして多くの営利企業が学童保育の世界に参入してきています。市区町村に代わって放課後児童クラブの運営を担うことを中核事業とする企業も増えてきました。全国各地で放課後児童クラブの運営を任されている事業者を私は「広域展開事業者」と定義しました。株式会社の場合は「営利の広域展開事業者」と言っています。そして、放課後児童クラブの運営を中核にした営利の広域展開事業を「補助金ビジネス」と呼んでいます。

この補助金ビジネス、児童福祉の世界ではまず保育所から始まりました。二〇〇〇年（平成一二年）以降、営利企業が保育所の運営を行えるようになったのです。多くの営利企業が保育所運営に参入し、「保育園落ちた日本死ね」への注目もあって、施設数は大幅に増えました。

厚労省の調査では、「幼保連携型認定こども園」「保育所型認定こども園および保育所」の数は二〇一六年（平成二八年）に二万六四四五カ所でしたが、二〇二二年（令和四年）には二万九九九五カ所に増加しています。増加分の多くは営利企業が運営する施設です。ちなみに、保育所と認定こども園に国が投じる年間予算は一兆五〇〇〇億円。巨額が動く世界です。その一方で、放課後児童クラブへの予算は直近で一二〇〇億円と、その十分の一以下ですが、それでも営利企業が運営する放課後児童クラブは年々増えています。

補助金ビジネスとして学童保育事業は大変魅力的な事業です。まず、放課後児童クラブの多くは一つの小学校区に一つしかありませんから、広告宣伝や営業活動を特にしなくても子ども（企業からするとお客様）が毎年、安定して利用してくれます。モノを作って売る企業だと売れ残ったり在庫を抱えたりというリスクがありますが、学童保育事業にはそうしたリスクはありません。学童保育を利用したいと考えている子育て世帯が増えている現在ではなおさらです。

さらに、補助金は市区町村との取り決めによって定期的に支払われます。入金が遅れるということはありません。つまり、クラブを運営する機会さえつかめれば、その後は安定した収益が見込めるのです。しかも学童保育への補助金は着実に増額されているので今後の補助金収入にも期待できます。営利の広域展開事業者がものすごい勢いで学童保育の運営事業に乗り出している理由です。

例えば、「公設民営の学童保育受託ナンバーワン」をうたう広域展開事業者の最大手と目される企業は、二〇一六年（平成二八年）度末で運営数一〇七、シェア八・九パーセントだったものが、二〇二一年（令和三年）度末には運営数一二二〇、シェア二八・六パーセントになったと自社のホームページで紹介しています。それ以降もさらに増え続けています。

「指定管理者制度」を使って

放課後児童クラブを広域展開事業者など民間の企業が運営できるのは「指定管理者制度」という仕組みがあるからです。指定管理者制度は、地方自治法の改正によって二〇〇三年（平成一五年）に導入され、今では多くの地域・分野で利用されています。

指定管理者制度はもともと「施設管理」を民間に代行させることで公営事業の効率化を狙ったものですが、「事業運営」の代行も可能です。さらに、学童保育所を運営していた市区町村が、この制度を利用して民間に運営を任せようとする大きな流れがあります。なお、業務委託先の事業者を公募で決定する仕組みも本質的には同じです。

表8に二〇二一年（令和三年）から二〇二三年（令和五年）におけるクラブ数について、運営主体ごとの増減を示しました。二〇二三年のクラブ数は、こども家庭庁によると「昨年度まで支援の単位数をクラブ数として報告していた自治体があり、当該自治体がその是正を図ったため」減っており、クラブ

表８　設置・運営主体別クラブ数の状況

区分	運営主体	2023年（令和５年）	2022年（令和４年）	2021年（令和３年）	2018年（平成30年）	2023年と2021年の割合の変化（ポイント）
公立公営	市区町村等	6,707（26.0%）	7,359（27.6%）	7,663（28.5%）	8,740（34.5%）	2.5ポイント↘
公立民営	社会福祉法人	3,355（13.0%）	3,502（13.1%）	3,693（13.7%）	3,585（14.2%）	0.7ポイント↘
	公益社団法人等	1,246（4.8%）	1,324（5.0%）	1,230（4.6%）	1,013（4.0%）	0.2ポイント↗
	ＮＰＯ法人	1,753（6.8%）	1,867（7.0%）	1,878（7.0%）	1,555（6.1%）	0.2ポイント↘
	運営委員会・保護者会	2,724（10.6%）	2,983（11.2%）	3,198（11.9%）	3,604（14.2%）	1.3ポイント↘
	任意団体	255（1.0%）	282（1.1%）	274（1.0%）	320（1.3%）	増減なし
	株式会社	3,109（12.0%）	2,802（10.5%）	2,539（9.4%）	1,088（4.3%）	2.6ポイント↗
	学校法人	194（0.8%）	204（0.8%）	214（0.8%）	174（0.7%）	増減なし
	その他	223（0.9%）	150（0.6%）	157（0.6%）	147（0.6%）	0.3ポイント↗
	合計	12,859（49.8%）	13,114（49.1%）	13,183（49.0%）	11,486（45.3%）	0.8ポイント↗
民立民営	社会福祉法人	2,015（7.8%）	1,980（7.4%）	1,917（7.1%）	1,670（6.6%）	0.7ポイント↗
	公益社団法人等	485（1.9%）	443（1.7%）	432（1.6%）	237（0.9%）	0.3ポイント↗
	ＮＰＯ法人	1,116（4.3%）	1,125（4.2%）	1,066（4.0%）	836（3.3%）	0.3ポイント↗
	運営委員会・保護者会	1,205（4.7%）	1,344（5.0%）	1,417（5.3%）	1,465（5.8%）	0.6ポイント↘
	任意団体	66（0.3%）	75（0.3%）	85（0.3%）	74（0.3%）	増減なし
	株式会社	545（2.1%）	485（1.8%）	442（1.6%）	209（0.8%）	0.5ポイント↗
	学校法人	348（1.3%）	338（1.3%）	311（1.2%）	267（1.1%）	0.1ポイント↗
	その他	461（1.8%）	420（1.6%）	409（1.5%）	344（1.4%）	0.3ポイント↗
	合計	6,241（24.2%）	6,210（23.3%）	6,079（22.6%）	5,102（20.1%）	1.6ポイント↗
総計		25,807（100%）	26,683（100%）	26,925（100%）	25,328（100%）	－

※こども家庭庁、厚生労働省による「放課後児童クラブの実施状況」から

数の増減ではなくその割合の変化を比較していきます。公設民営クラブのうち、株式会社は前々年よりも二・六ポイントも増えています。一方で、公設公営クラブは二・五ポイント減っています。この減少分のほとんどが、株式会社の増加分と見ていいでしょう。

株式会社は営利企業ですから利益を確保しなければなりません。学童保育事業の収入は補助金と利用者が払う利用料に限定されますから、利益を上げるためには運営の経費を節約——とりわけ経費の大半(およそ七割超)を占める人件費を節約・圧縮することになります。

人件費の節約の方法はたった一つです。それは職員に支払う賃金を抑制すること。そのため多くの企業が正規職員を無期雇用ではなく契約職員のような有期雇用としています。企業本部の職員や数カ所のクラブを担当するエリアマネジャーのような幹部職員は無期雇用の正職員でも、クラブの現場の職員は契約職員やパート職員に任せることが多いのです。派遣職員を活用することもあります。

職員を有期雇用にすると、定期昇給や退職金積み立てなどが不要となり事業者側に有利です。時給額を最低時給+一〇〇円程度にして、所定労働時間を週三〇時間から三五時間程度にしておくことが多いです。給与をもらう側にしてみれば、月の手取りが一〇万円台半ばになる場合もあり、とても生活していけません。

営利の広域展開事業者の利益

株式会社が一つの放課後児童クラブを運営すると、いったいどのくらい利益を上げることができるのかを示す直接的な資料はありません。ただ、大まかな様相をうかがい知ることはできます。この章の1節で紹介した「令和四年度子ども・子育て支援推進調査研究事業　放課後児童クラブの運営状況及び職員の処遇に関する調査」に、一つの事業所（クラブ）がどれだけの利益を上げているかの調査結果が示されています（表9）。

表9の「その他の法人」に株式会社が含まれています。調査対象となった法人には学校法人も含まれていますが、調査に回答した学校法人はごく少数（株式会社数七七五に対して学校法人数五〇）ですから、「その他の法人」は株式会社の大まかな傾向であると考えてよいでしょう。また表に出てくる「運営委員会」とはクラブの保護者会役員と地域の小学校関係者（主に校長）、児童民生委員、自治会関係者で構成する委員会のことで、この委員会が事業の責任者となって運営するスタイルのクラブのことです。

さて、この表で注目してほしいところが「損益差額」です。クラブの収入から支出を差し引いた運営事業者の「儲け」です。収入は大きく分けて「補助金」と「利用料」の二つです。そこから人件費や運営経費を支払い、残ったお金が儲けとなります。表で見ると「その他の法人」の損益差額は二八五万円となっています。一方、「NPO」は九四万円となっています。実に三倍もの開きがあります。

営業しなくてもよい超安定事業

公設民営のクラブを運営する「営利の広域展開事業者」はそのほとんどが指定管理者制度等によって運営を行っています。一つのクラブ運営で二八五万円の利益を上げることができるとするならば、日本の各地でクラブを運営している広域展開事業者が例えば五〇〇クラブを運営しているとしたら一四億円以上の利益を得ることができます。民間のビジネスでは事業が長いあいだうまくいくとは限りま

表9　公立民営事業所の運営主体別収支状況

科目			社会福祉法人		NPO法人		運営委員会		保護者会		その他の法人	
			金額（千円）	構成割合（%）	金額（千円）	構成割合（%）	金額（千円）	構成割合（%）	金額（千円）	構成割合（%）	金額（千円）	構成割合（%）
収入		補助金もしくは委託料	13,738	−	20,129	−	8,532	−	8,448	−	19,810	−
		利用者による利用料等	2,889	−	2,696	−	3,201	−	3,934	−	2,405	−
		うち利用料にかかわる分（月謝・年会費・入会金等）	2,456	−	2,162	−	2,739	−	3,457	−	1,984	−
		その他の利用料（おやつ代、保険料、行事代等）	432	−	534	−	434	−	443	−	390	−
		その他の事業収益	1,245	−	1,454	−	1,193	−	594	−	297	−
	寄付金		21	−	69	−	13	−	1	−	5	−
	その他収益		43	−	244	−	491	−	772	−	56	−
支出	人件費		13,241	73.89	18,248	74.30	9,352	70.24	9,470	67.21	14,501	66.50
	事業費・事務費		2,956	16.49	3,919	15.96	2,692	20.21	2,973	21.10	3,552	16.29
	減価償却費		142	0.79	84	0.34	1	0.01	6	0.04	27	0.12
	その他の費用		137	0.77	1,370	5.58	467	3.51	639	4.54	877	4.02
①収益計			17,919	100.0	24,560	100.0	13,315	100.0	14,091	100.0	21,808	100.0
②費用計			16,476	91.9	23,620	96.2	12,512	94.0	13,088	92.9	18,957	86.9
損益差額（①−②）			1,443	8.1	940	3.8	803	6.0	1,003	7.1	2,850	13.1
事業所数（クラブ数と見てよい）			511カ所		288カ所		400カ所		201カ所		652カ所	
平均登録児童数			61.0人		73.7人		43.5人		40.1人		64.4人	
登録児童1人当たり収益			294千円		333千円		306千円		351千円		339千円	
登録児童1人当たり費用			270千円		321千円		288千円		326千円		294千円	

※「令和4年度　子ども・子育て支援推進調査研究事業　放課後児童クラブの運営状況及び職員の処遇に関する調査」より抜粋・一部改変
数値は端数計算の関係により必ずしも各項目とその合計が一致しない

せん。モノを作って売るビジネスならば当たり外れがありますし、売れなくなったときには在庫を抱えなくてはなりません。飲食業でもサービス業でも人気や流行に集客が左右されます。ところが学童保育は、何も営業活動をしなくても、毎年、利用希望者が必ずやってくるという超安定事業なのです。経営者はもちろん出資者たる株主にとっても大変望ましい事業形態と言えます。

表の支出のうち「人件費」の部分を見てください。「NPO法人」は一八二四万円で支出の七四・三パーセントを占めていますが、「その他の法人」は一四五〇万円で支出の六六・五パーセントです。職員の賃金水準が低いか、職員数が少ないか、あるいはその両方なのか、なんらかのやり方で株式会社のクラブのほうは人件費が抑制されているのです。収益全体では、「その他の法人」は「NPO法人」に比べて二七五万円少ないのですが、支出のほうも四六六万円少なく、その違いが損益差額の差となって現れているのです。

また、表の下部、「登録児童一人当たり収益」と「登録児童一人当たり費用」にも注目してください。収益では「その他の法人」は「NPO法人」より児童一人当たり六〇〇〇円多く収益を得ていますが、費用では「その他の法人」のほうが「NPO法人」より二万七〇〇〇円少なくなっています。これは、株式会社のクラブは、入所している児童一人につきNPO法人より多くお金をもらい、児童に使うお金はNPO法人より節約している——ということを示しているのです。

公共の事業を受注したり運営を任されたりすることは公共事業として一般的にありますし、それで企業が利益を得るのは当然のことですが、その利益を確保する手段として、事業に従事する職員の賃金が過度に抑制されているとしたら、それは補助金をもとに営む事業者としては、社会通念上、問題があると言わざるを得ません。

指定管理者制度でますます低賃金に

学童保育における指定管理者制度の（業務委託も含む）運用には、さらに困ったことがあります。公募の場合、応募する企業は競合他社に勝たねばならないので、より低い指定管理料での事業運営を提案して公募を勝ち抜こうとします。これこそ国が期待する「競争の原理」がもたらすコストカットなのですが、その結果、指定管理者に選ばれた企業は人件費に充てるべき予算を減らします。例えば、学童保育所や児童館を指定管理で全国的に運営している企業が北陸地方のある県で提示している学童保育所の正規職員としての基本給は、二〇二四年（令和六年）現在、一三万五〇〇〇円です。児童館に至っては一一万円です。基本給だけでは最低賃金を割り込みますので、ほかの手当を付けてなんとか最低賃金を上回るだけの給与額にしています。それでも年収は二〇〇万円に届かないのです。まさにワーキングプアです。

また、指定管理者制度や業務委託事業者の公募の場合、三〜五年ごとの選定によって運営から外される可能性があります。職員を無期雇用としてしまうと、選定から外れた場合に解雇しなければならなくなります。解雇条件の難しさを考えても、クラブの現場職員を有期雇用とするほうが労務上のトラブル回避のためにもいいのです。

第5章　親と事業者を苦しめているもの
——学童保育の諸問題

学童保育が直面している問題は「小一の壁」や「低賃金」だけではありません。この章では、学童保育の世界にはびこる種々の問題を取り上げます。

1　報道される事件・事故は氷山の一角

全国の学童で起きた事件・事故

二〇二三年（令和五年）一月から一二月までに全国の学童保育所で起きた事件や事故で報道されたものを表10にまとめてみました。

児童への性的虐待事件（性犯罪）が複数発生しています。特に一一月に愛知県で起きた全児童対策の職員による事件と一二月の東京都内の施設における職員の性的虐待事件は最悪の部類に属する事案で

表10　2023年に学童保育がかかわった事故や事件

時期	都道府県	種別	内容	備考
2月	神奈川県	放課後児童クラブ	職員による虐待	行政が調査、対応
3月	石川県	民間学童保育所	経営者による体罰	警察が書類送検
4月	佐賀県	放課後児童クラブ	個人情報紛失	行政が調査、対応
5月	静岡県	放課後児童クラブ	職員による虐待	行政が調査、対応
6月	東京都	放課後児童クラブ、児童館	職員数虚偽報告（補助金不正受給）	その後の調査で北海道、神奈川県でも発覚
7月	大阪府	放課後児童クラブ	備品をネットで販売	補助金相当額を返金
	滋賀県	放課後児童クラブ	プール遊びで死亡事故	
8月	島根県	放課後児童クラブ	所外活動中の死亡事故	
11月	愛知県	全児童対策	職員による性的虐待	刑事訴追
12月	東京都	民間学童保育所	職員による性的虐待	刑事訴追

す。報道によると、愛知県の事案は中学校の元校長によるもの。都内の事案は男性職員によるもので、複数の在籍児童に半年以上にわたって性的虐待を加えていたとされています。いずれも職員は逮捕・起訴されましたが、東京都の事案は、被害児童の保護者が事業者に以前から性的虐待があったことを公表するよう求めていた――と報道されています。

また、この年に神奈川県と静岡県で起きた虐待事件も、放課後児童支援員によるもので看過できない事案です。子どもの最善の利益、子どもの人権を守る仕事であるはずの放課後児童支援員が、子どもへの虐待や暴言・暴行を起こすことがあってはならず、運営事業者も責任を問われなくてはなりません。

石川県の事案は、児童福祉法や基準条例とは関係がない民間学童保育所でのケースです。それでも、一般的には「学童保育」と認識されるので報道では「学童保育での事件」と伝えられました。この手のニュースを聞いた放課後児童クラブの関係者たちは「あれは学童保育ではない！　一緒にしてくれるな」と歯ぎしりするのです。なお一二月の東京都の事案も、報道内容を見る限り民間学童保育所と思われます。

所外活動での子どもの死亡事故

二〇二三年（令和五年）夏には、学童保育の施設外での活動（所外活動）で子どもが死亡するという極めて痛ましい事故が立て続けに起きました。それらはいずれも所外活動における安全管理が問われる事案で、こども家庭庁が全国の関係機関に再発防止に努めるよう通知を出すに至りました。

放課後児童クラブに限っても全国に約二万七〇〇〇施設があるので、表10に挙げた事故や事件だけを見ると、不祥事の件数としてはそれほど多くないと言えるかもしれません。しかし、表沙汰になっていないだけで、実はもっと多くのトラブルが全国の学童保育所で起きています。

私は学童保育の運営支援を業務としていて、職員や保護者からの相談対応も行っています。最近は毎月数件の相談が寄せられます。職員から寄せられる相談はハラスメントに関する内容が目立ちます。

私が気になるのは保護者からの相談内容です。大半は「保護者会の負担が大きすぎる」というものですが、「子どもが職員からひどい対応をされている」という深刻な相談もあります。職員からの暴言・暴行といった明らかな児童虐待のケースもあり、私からのアドバイスを受けて保護者が行政に対応を求めたこともあります。

しかし、子どもがいじめられている、子どもが職員からひどい対応をされている、という深刻なケースでも、「表沙汰にしてまで争いたくない。うちの子が学童を辞めればすむ」と、子どもを学童保育所から退所させることが往々にしてあるため、報道には至りません。

2　とにかく人手不足

人手不足による負のスパイラル

学童保育の職場に負のスパイラルがはびこっています。低賃金→人手不足→職員一人あたりの労働量増→残業＋長時間労働＋休憩と休日の不足→離職者相次ぐ→人手不足。このような深刻な状態が何十年も続いています。

こうした負のスパイラルは、子どもの育成支援の機能不全を引き起こします。子どもとかかわる職員が少なくなることで、子どもの気持ちを十分にくみとれず、子どもの成長・発達に合わせた適切な支援・援助ができなくなり、子どもたちの活動も制限されます。職員にかかわってもらえない上に制限された時間と空間の中で過ごさざるを得ない子どもは大きなストレスを抱えます。落ち着かなくなり、問題行動を引き起こします。それは望むような活動ができない子どもの苦痛の表現方法です。

人手不足が原因の事件・事故

表10に挙げた事案の中に、人手不足が原因で起きたと考えられる事件・事故があります。

東京都などで起きた職員数水増しによる補助金不正申告は、まさにそれです。もちろんその根本的な原因はコンプライアンスの欠如ですが、報道では人手不足のために自治体と取り決めた職員数の配置ができなかったと伝えられました。人手不足だからと言って不正申告が許されるわけではありませんが、雇用条件が他地域より恵まれている東京のような大都市であっても、やはり学童保育所の人手不足は深刻なのです。

痛ましい所外活動での死亡事故の背景にも人手不足があると私は考えます。所外活動で子どもの安全・安心を確保するに足る十分な職員数がいれば事故が起きなかった可能性があります。

所外活動は、職員数に応じた範囲で計画を立てて実行するべきで、職員数が足りない場合は無理に所外活動をするべきではありません。子どもたちが楽しみにしているからと言って職員数が足りていないのに行うべきではないのです。

しかし慢性的な人手不足の環境にあると、自然にその状態で何とかやりくりしようとしてしまいます。そこに事件・事故のリスクが潜むのです。滋賀県で起きたプールでの死亡事故に対応して国が安全確保に関する通知を出したとする報道に、SNSでは、「国は学童保育に満足な人の配置ができるだけの措置を今までしてくれたのか？」といったような学童関係者らしき人たちからの投稿が相次ぎました。

3　ギュウギュウ詰めの学童保育

四〇人を超える児童の受け入れ

国は省令で「一つの支援の単位」について、おおむね四〇人以下を適正としています。また、児童一人あたり、おおむね一・六五平方メートルの広さを施設内で確保するように求めています。

現実には、適正規模とされる四〇人をはるかに超える児童を受け入れているクラブは珍しくありません。入所児童数が多いと子どもたちの心身にどのような影響を及ぼすか――。満員電車やイベント会場の人混みを想像してみてください。それも、そのような人混みで連日ずっと過ごしていることを。

密集状態の室内の子どもたちは常にストレスを抱えています。イライラが募り、ちょっとしたことで、子ども同士あるいは子どもと職員との間にトラブルが発生します。宿題をする時間も、おやつを食べる時間も、しょっちゅう誰かと接触したり話し声が聞こえたりしている環境では、子どもたちは疲れ果ててしまいます。そして「学童に行きたくない」と言い出します。それも無理はありません。

国による放課後児童クラブの実施状況で、入所人数別の単位数の調査結果が公表されています(表11)。理想的な入所人数と言える三一〜四〇人の単位数が少しずつですが増えているのがわかります。なお割合で言えば、二〇二三年(令和五年)の数値は前年より〇・五ポイント減少しています。

七一人以上の大規模学童の増大

一方で、大規模学童とされる七一人以上の単位は、その数も割合も増えています。割合で言えば、〇・二ポイントずつの上昇ペースなので急激に伸びていると言えるわけではありませんが。

七一人以上のクラブ数の推移についても表11で見ておきましょう。数が一四〇二増え、割合でも六・二ポイント増えています。単位数の伸びとクラブ数の伸びがかなりずれていることに注意が必要です。

表11　入所人数

実施規模別支援の単位数の状況	2023年（令和５年）単位数	2022年（令和４年）単位数	2021年（令和３年）単位数	2023年（令和５年）と2021年（令和３年）の増減
10人以下	739（2.0%）	783（2.2%）	797（2.3%）	−58
11〜20人	2,535（6.8%）	2,648（7.3%）	2,740（7.7%）	−205
21〜30人	6,961（18.8%）	7,352（20.3%）	7,419（21.0%）	−458
31〜40人	11,922（32.2%）	11,849（32.7%）	11,304（31.9%）	618
41〜50人	8,329（22.5%）	7,920（21.9%）	7,656（21.6%）	673
51〜60人	3,706（10.0%）	3,089（8.5%）	3,047（8.6%）	659
61〜70人	1,493（4.0%）	1,347（3.7%）	1,319（3.7%）	174
71人以上	1,349（3.6%）	1,221（3.4%）	1,116（3.2%）	233
計	37,034（100%）	36,209（100%）	35,398（100%）	1,636

実施規模別クラブ数の状況	2023年（令和５年）のクラブ数	2022年（令和４年）のクラブ数	2021年（令和３年）のクラブ数	2023年（令和５年）と2021年（令和３年）の増減
71人以上	6,109（23.7%）	5,207（19.5%）	4,707（17.5%）	1,402
計	25,807（100%）	26,683（100%）	26,925（100%）	

入所児童数が多いクラブにおいては、一つの支援の単位を分割して一クラブに複数の単位を設定していることがよくあります。また、国の放課後児童クラブの補助金は支援の単位ごとに交付されますが、七一人以上の支援の単位には大幅に減額されて交付されます。これは大規模の単位を解消させるための措置です。

つまり一つのクラブで、一つの支援に対し入所児童数が七一人以上の場合、補助金の交付では不利になる——ということです。そこで一つのクラブですが単位を分割して、例えば三〇人と四〇人の二つの単位にします。すると、クラブそのものは一つですから、七一人以上のクラブ数としてカウントされます。単位を分けられなかったクラブも当然あるので、七一人以上の単位も増えた。一方で、どんどん児童数を増やしたので、七一人以上のクラブ数は大幅に増えた——ということです。

このデータからは、急激にクラブの大規模状態が進行していることがわかります。なお、正直に白状しますが、私もこの単位分割の手法をその場しのぎで一度だけ使ったことがあります。単位数が増えれば補助金対象が増え、職員数を増やせるからです。しかし、適正規模の単位数が増えても、一つの施設内に子どもが七一人以上のギュウギュウ詰め状態であることは変わりません。多少職員数を増やしたとしても子どものストレスは減りません。

けんか・病気・職員のストレス

大規模状態の学童保育では、ほかにも次のような問題が起こります。

・子どもが他者に衝突しやすくなり、自分がけがをするだけでなく相手にもけがを負わせるリスクが高くなる。
・感染症のリスクが急拡大する。特に新型コロナウイルスやノロウイルスなど感染力が強い病気が広まりやすくなる。
・人数が多いのでエアコンが効きにくく、施設内でも熱中症のリスクが高くなる。
・地震や火災、不審者侵入といった非常事態において、速やかに子どもたちを避難させることが困難になる。
・職員のストレスが増し、メンタルヘルス面に影響が出る。室内に反響する子どもたちの声などで突発性難聴になる職員も出てくる。
・人数が多すぎて手作りおやつを作ることができなくなる。

また、前項でも触れたように、補助金が大幅に減額されるため、大規模学童は事業の運営面でも困ります。毎月の利用料徴収額は増えますが、職員もまた増やさなくてはならないので人件費も増加し、結果として収支は厳しくなるのです。

4 暴れてキレる子どもたち

問題行動を起こす子ども

学童保育所の職員が頭を抱える育成支援面での難問にも触れておきましょう。学童保育所で暴れたり感情を爆発させたりする子どもたちへの対処についてです。大規模状態の学童保育所はもちろん、適正規模の学童保育所であっても、突然暴れ出してほかの子どもに暴力を振るったり、施設の設備やおもちゃを壊したりするなどの問題行動を起こす子どもがいます。一つのクラブに数人は必ずいると言っていいかもしれません。

子どもの問題行動については学童保育の業界でもさまざまな研究がなされ、その対処法についても議論されています。保育経験者や心理学者、医療関係者などによる研究会もあり、作業療法士による実践指導や臨床心理士による巡回訪問指導を取り入れる現場もあります。しかし決定的な解決策はなかなか見つかりません。

退所させても解決しない

ほかの在籍児童への影響について考えてみましょう。学童保育所はまず子どもにとって安全・安心な場所であることが大前提です。だからこそ保護者は安心して仕事などに集中できるのですが、ほかの子どものせいで不快な思いをした子どもが「学童保育所に行きたくない」と言い出したとき、保護者にとっては相当深刻な事態になります。

このような場合、運営事業者は、問題行動を繰り返す子どもを退所させて解決を図ることがあります。しかしそれは表面的な解決策です。学童保育所を追い出された子どもはどうなるのかを考えてください。放課後や、土・日の早朝からふらふらと出歩いたり、友だちの家を訪れたりしているうちに、誰からも関心を持ってもらえなくなります。一人ぼっちであることがさらなるストレスとなり、自分を受け入れてくれる反社会的な集団とつながりを持ってしまうことが往々にしてあります。結果として、本人や社会にとってより大きな問題になってしまうのです。

問題行動は子どものSOS

問題行動を起こす子ども自身に、やむを得ない事情があることもあります。私自身が直面した例では、次のようなケースがありました。

・連日、習い事を課せられるが、親の期待に背くことを恐れて「やりたくない」と言えず、悶々《もんもん》とした中で過ごしている。
・生活面の指導が厳しい保護者の下で、家庭と学校では良い子を演じている。
・保護者が自分の生活や趣味、異性との交際に夢中で、子どもとのかかわりが極端に少ない。

・何らかの場面で虐待を受けており、それを表に出せない。
・家庭や周囲の環境が社会常識からかけ離れていて集団で過ごすためのルールやマナーを会得できていない。

これらのケースでは、子どもがストレスや鬱屈《うっくつ》した思いを学童保育所で爆発させてしまっても仕方ありません。それは子どもによるSOSの発信です。このSOSを受け止めることが学童保育の職員には必要です。保護者と話し合うことで解決につながる可能性もあります。

しかし保護者から「家でも学校でも問題ありません」「トラブルがあるのは学童だけ。そちらに問題があるのではないですか」と逆に職員が責められてしまうことがあり、その場合は子どもの問題行動に対処することがとても難しくなります。

発達障害と「隠れ障がい児」問題

放課後児童クラブが抱える運営上の問題が、子どもの問題行動を引き起こす原因となることもあります。次のようなケースは大変多いです。

・大規模状態の放課後児童クラブでは職員不足のため管理を厳しくせざるを得ず、発達障害の傾向がある子どもはそうした環境への適応が難しいため、感情を爆発させてしまうことがある。
・発達障害の子どもやその傾向がある子どもに職員が個別対応していった結果、ほかの子どもたちが職員とかかわる時間が減ってストレスを募らせ問題行動を起こす。

私が行ったセミナーでも、参加職員たちからこうしたケースの報告と相談が多く寄せられました。

発達障害の診断書があり小学校の特別支援学級に在籍している子どもが放課後児童クラブに在籍する場合は、「障害児受入推進事業」という国の補助金対象となり、クラブに加配職員を配置することでその子の支援に充てることができます。しかし、求人への応募が少ないため実際には加配職員を雇うことがなかなかできません。待機児童を出さないために子どもを全て受け入れるクラブでは、問題行動が相次いで起きてしまい、職員はその対応に追われることになります。

発達障害の傾向があったとしても医師の診断がなければ加配職員は付けられません。「うちの子は落ち着きがないけれど、発達障害ではありません」と言う保護者も数多くいて、専門医などの診断を受けずに定型発達の子どもとして学童保育所に入所する例は後を絶ちません。いわゆる「隠れ障がい児問題」です。この「隠れ障がい児」を含めて、学童保育所では個別対応が必要な子どもが増えてきているのです。

形だけのインクルージョン

こうした状況は「インクルージョン」の運用方法を誤ることで生じていると私は考えています。インクルージョンとは、障がいのある子どももない子どもも一緒に過ごすことでともに成長できるようにする――という考え方です。

「放課後児童クラブ運営指針」には、次のように書かれています。

「障害のある子どもについては、地域社会で生活する平等の権利の享受と、包容・参加（インクルージョン）の考え方に立ち、子ども同士が生活を通して共に成長できるよう、障害のある子どもも放課後児童クラブを利用する機会が確保されるための適切な配慮及び環境整備を行い、可能な限り受入れに努める」(運営指針第三章二の(一))

この考え方自体は大変素晴らしいのですが、後半部分にある「適切な配慮及び環境整備を行い」のところが非現実的です。もちろん多くの学童保育所の事業者がそうしたいとは思っていますが、なにしろ職員の人数が足りないのです。職員不足の問題は現場の職員たちの努力だけでは解決は不可能です。

職員のかかわり方が引き金となって子どもの問題行動が起こることもあります。例えば、子どもたちにやりたいことがあるのに、職員側が自分たちに都合の良いスケジュールを一方的に組むことがあります。こうした場合、特に主体性が発達してきた高学年の子どもたちは反発します。「もっと私たちを信じてほしい!」という子どもの怒りです。これは一見問題行動ですが、育成支援の本質を忘れた職員への子どもたちの抵抗にほかなりません。

学童保育所でキレて暴れる子どもたちの問題は深刻です。現場の問題と切り捨てると真面目な職員ほど消耗しきって辞めてしまい、運営そのものが困難になるからです。

5 学童にはびこる「やりがい搾取」

学童保育業界の〝不治の病〟

低賃金の学童保育業界ですが、保護者の悩みを受け止めて子どもの支援のために懸命に働いている職員が大勢います。その人たちを支えているのは、子どもを守りたい・支えたいという純粋な思いです。「子どもに幸せな社会であってほしい。安全・安心の環境で子どもが育っていってほしい」という職員の思いが、学童保育の業界を支えているのです。

しかし、やりがいは永久に続くものではありません。子どものために頑張ろうと意気込んで学童保育業界に飛び込んでも、日々の激務が報われない低賃金で心も体も疲れ果てる毎日。しだいに「やりがいの灯」は小さくなっていき、数年もすると完全に消えてしまいます。

一方の運営事業者は、こうした若い職員の「やりがい」を頼りに、低賃金・長時間労働の仕事をさせています。要は、「やりがい搾取」です。

毎年多くの有能な職員が、やりがいを消耗させてボロボロになって学童保育の世界を去り、入れ替わりに新たな夢と希望を持った人が入ってくるのです。

本来、どの職種であっても、やりがいは消耗するものではなく、仕事を通じてさらに増えていくべきものです。なぜ学童保育の世界では、やりがいを消耗品のごとく扱うのでしょう。学童保育の世界で働く人は「施設長やさらに上の地位になると、子どもにかかわれなくなる。いつまでも現場で子どもにかかわっていたい。それが放課後児童支援員のあるべき姿だ」と、いつまでも現場勤務の〝ヒラ社員〟にこだわるほうが普通で、出世や昇進を望むと逆に異端の目で見られがちです。それ自体は悪いこととは言えませんが、結果として、「仕事のスキルを磨き、担う職務を広げて高い評価を受け、職位を向上させて、さらに重要な業務を任されるようになることで、仕事へのモチベーションをアップさせる」というほかの業界では当たり前のことが、学童保育の職員にはあてはまらなくなります

事業者側としては、「子どもを支える仕事は、本当に素晴らしいね。お金で得られない価値があるね」

と、やりがいを鼓舞すればいいのですから、こんなにありがたいことはありません。

そしてこの仕組みを最大限に活用しているのは、補助金を思い切って引き上げない国と予算を出し渋る市区町村だと私は思っています。行政はお金を出さずに職員の「やりがい」をあてにして、「長期休業中は子どもたちに昼食を提供するように取り組みましょう」「開所時間をなるべく長くしましょう」と、現場で働く人の負担が増すことばかり促しています。

重視されない生産性向上

学習支援を行う民間学童保育所を除き、学童保育の事業の中核は育成支援です。では、育成支援事業の質を上げるためには何をすればよいのでしょうか。

育成支援に取り組む職員の圧倒的多数は、子どもの支援・援助のスキルアップのためには労をいといません。さまざまな研修会・勉強会に喜んで参加しています。

その一方で、一般社会で重視される効率的な働き方——つまり業務の生産性向上と労働の質の向上に対しては、ほとんど関心がないと言って良いでしょう。むしろ「児童福祉は効率や評価ではない。子どもへの真摯な気持ちで成り立つ」という思いが強いです。

しかし生産性の向上は事業の質を上げることにつながっていて、学童保育の事業でもそのことは変わりありません。生産効率を上げることは経営面の改善にもつながり、職員にも利益をもたらします。子どもの育成支援の質を上げたい、低賃金を改善したいなら、生産性向上を真剣に考えるべきなのです。しかし、事業者側にしても、運営主体が株式会社であれば「いかに少ない人件費で効率的に事業を行っていくか」が重視されますが、保護者由来であれば現場の職員とあまり意識の差はなく、生産性向上に関心がありません。

ハーズバーグの二要因理論

生産性向上に必須のモチベーションアップについて、米国の臨床心理学者フレデリック・ハーズバーグが唱えた「動機付け要因」と「衛生要因」の二要因理論から考えてみます。「動機付け要因」とは仕事の満足度を満たすものであり、「衛生要因」とは仕事に対する不満を構成するものと考えてください。

学童保育業界を悩ます低賃金や長時間労働――これは衛生要因に分類されるものです。手取り一五万円の給与が一八万円になったとしたら数カ月はうれしいでしょうが、やがて一八万円では足りないと感じるようになるでしょう。つまり不満が解消されてもすぐに別の不満を感じるようになる。

一方、生産性向上や仕事の達成感、業務範囲拡大による責任の拡大や地位の向上は、動機付け要因に分類されます。これらは育成支援のスキルアップ以外、学童保育業界で働く人たちにはほとんど関心のないことばかりです。

例えば、クラブが開所している時間帯はずっと子どもにかかわって、クラブが閉所して退勤時刻を迎えてからおもむろに書類を取り出して事務作業に取りかかる。そのため連日、時間外勤務が続くという状況があります。これでは、事業者側は「事務仕事も勤務時間内にしっかり終わらせてくれよ」と愚痴の一つも言いたくなるでしょう。人手不足で事務作業に取りかかる時間がまったくないのであればともかく、そうではない状況でも起こりがちなことです。時間内に必要な業務をすませるという当たり前のことが、「子どもとかかわることが最優先」という職員の思いによって後回しになる。こうしたことが学童保育の世界では珍しくありません。

学童職員の動機付け

このように学童保育で働く職員は、「賃金が改善すればすべて解決」と考えるばかりで、キャリアを積んだ人の業務と責任の拡大については背を向ける傾向があります。低賃金や人手不足の問題は早急に是正されなければなりませんが、その問題さえ解決すれば、育成支援事業の質が向上するわけではありません。

動機付け要因は、働き手が仕事の範囲を広げ、より重い責任がある仕事にかかわることで満たされるものですが、当の職員がそれを望まないとなれば、いくら事業者が賃金や労働条件を改善したところで(それらは衛生要因なので)、仕事への不満がいったん解消されるだけで、いずれはまたぶり返し、職員のやりがいは目減りしていくことになるのです。

この状況の改善には、職員の意識改革が必要です。事業の質の向上は、子どもの支援・援助に関するスキルアップだけでもたらされるものではないこと、効率的に働くことで同じ時間に使われるコストが節約でき、その分給料を上げることができることを理解しなければなりません。

その上で事業者は、効率的に働ける職員に、その仕事の成果に応じた賃金を支給する仕組みを整えていくべきです。

6　保護者の負担感と法的リスク

運営に対する保護者の負担感

保護者会が学童保育所を運営しているところでは保護者の負担感が常に大きな問題となっています。第3章で紹介したように、学童保育は、そのシステムを必要としていた保護者たちによって誕生しました。忙しい保護者たちが必要に迫られて始めた事業なので、本来なら家事と仕事でそんな暇はないのですが、なんとかしてその運営にかかわってきたのです。「あってよかった学童保育」の時代は、負担に負担を重ねてでも保護者自らがやらなければ、誰も運営をやってくれなかったからです。

時代が変わり、保護者たちがNPO法人や一般社団法人を設立することが増えました。運営を法人に任せることで自らの負担が軽減したり、金融機関からの融資を得たりすることができるからです。それでも保護者会運営の学童保育所は今も多数存在しています(表8)。今は学童保育が「存在して当たり前」の時代です。この時代でも残っている保護者運営の学童保育所では、当然ながら運営の負担に対して保護者から悲鳴が上がっています。

また、運営業務が保護者の手を離れても、保護者に負担感が残ることがあります。育成支援を重視する伝統的な学童保育所では、保護者会が存在することが多いのです。保護者会の活動は、例えばイベントの企画立案や手伝いなどです。小・中学校におけるPTA活動と同じように、強制参加であることが多いです。

特に「しんどい」と保護者の多くが口にするのが役員・係に選出されることです。会長はもちろん、行事担当役員や、地域のボランティア活動（交通安全のための見守り、清掃など）の担当も不人気です。そうした役員・係に立候補する保護者は珍しく、たいていはくじ引きで決めたりしています。私は「会長や役員をくじ引きで決めるぐらいなら、解散したほうがよい」と思います。

負担感を減らすには

「保護者の負担感の解消」はかなりの難題です。負担感というのは個々の主観的な感覚なので、同じ保護者でありながら負担に思う人と思わない人がいて、その差は、学童保育所にどれだけ高い評価や好感を抱いているかによるからです。例えば、定期的に開かれる保護者会にしても、「保護者会でいろいろ子どもの話を聞けることが楽しい」と思う保護者もいれば、「子どもの様子はときどき通信で知らせてくれればいいし、そもそも子どもがどう過ごしているか興味がない」と思う保護者もいます。前者は、保護者会の参加に負担感は覚えないでしょうし、後者は「保護者会なんて面倒くさい」と負担に感じているでしょう。

私は、学童保育にかかわる保護者の負担感について、ある関係が成り立っていると考えています。

負担感＝「保護者が学童保育に抱く感謝・評価（肯定度）」＋「保護者が学童保育に抱く失望・落胆（否定度）」＋「負担感係数」

負担感係数というのは、保護者がその時点で学童保育に対して抱く感情を数値化したものです。嫌な思い出や残念な気持ちが多ければマイナスの値になりますし、学童保育が大好きであればプラスの数値となります。つまり、それまでの積み重ねです。

例えば、ある保護者が、「学童には、それなりに感謝している。子どもも嫌がっていない」として肯定度を一とし、「でも、仕事を休んでイベントの準備に駆り出されるのは困る。勤務先に迷惑をかけて心苦しい」として否定度を二とし、それまでの負担感係数は過去の平均値からマイナス三とした場合、全体の負担感は一＋（マイナス二）＋（マイナス三）＝マイナス四、となります。

どうすればその負担感を軽減できるのでしょう。例えば、不必要な保護者参加を直ちにやめることです。

保護者は学童保育所で子どもがどう過ごしているのかを知らなければならない立場ですから、学童保育所とかかわらざるを得ませんが、役員や係にならなくてもそれを知る方法はあります。学童の事業者や職員が、常日頃から保護者に子どもの様子をきちんと伝えることです。「ここの学童保育所に、子どもが通ってよかった」という実感を保護者に持ってもらうことが重要です。先の数式で言えば、保護者の肯定度の数値を上げること。職員が子どもが楽しく学童保育所に通っていることを保護者に伝え、子ども自らも学童保育所で経験した出来事を親に話すことなどは、保護者の肯定度の数値を上げることにつながるでしょう。

保護者会の法的リスク

学童保育所を保護者が運営する場合、負担感以上に重大な問題があります。それは「法的リスク」です。学童保育所を運営する保護者会に、事業運営に関する法的責任があるということを当の保護者たちがあまり意識していない――という問題です。

保護者会が運営する学童保育所は、当然、保護者会が経営者であり事業者です。事業執行に責任があり、事業主として雇用している職員に対する各種の責任も発生します。善管《ぜんかん》注意義務や、社会保険料納付義務も生じます。運営面で重大な過失があり、子どもや職員に何らかの損害が発生した場合は、当然責任を問われます。保護者会が当事者から損害賠償責任を追及されたり、裁判で賠償を命じられたりする可能性もあります。

損害というのは、事故によるものだけではありません。例えば、雇用管理面で適切な配慮を欠き、職員が同僚からハラスメント行為を受けて心身に損害を受けた場合でも、雇用主の保護者会が被害者から責任を追及される可能性があります。大規模状態解消に向けて施設を増やそうと物件の賃貸借契約を結ぶ際の主体は保護者会ですから、連帯保証人には保護者会の会長を立て、会長が賃貸物件に関しての全責任を負うことになります。

かつての「あってよかった学童保育」の時代は、保護者会の保護者たちはみな仲間でした。保護者全員で負担を分け合って苦労をともにしながら運営に汗をかいていました。いわゆるゲマインシャフト（共同体）です。その時代には、学童保育所の保護者全員が気心の知れた仲であり、トラブルによる法的リスク、訴訟リスクに気をつかう必要はほとんどありませんでした（裏返せば、何でも仲間内でうやむやに解決できた、ということでもあります)。

今は違います。学童保育という事業をルールに則って行うゲゼルシャフト(機能体)的な存在です。学童保育という制度が必要だから利用しているだけの保護者のつながりですから、ありとあらゆる法的リスク、訴訟リスクに備える必要があります。保護者会運営を今も進める人たちは、このことについてもっと真剣に考えるべきだと私は思います。

7 問われる学童職員の資質

「参酌すべき基準」――放課後児童支援員の配置

放課後児童クラブには放課後児童支援員という資格者を配置することが必要であることに、ここまで何度も触れてきました。

放課後児童支援員の配置の条件は法令で、次のように定められています。

「放課後児童健全育成事業者は、放課後児童健全育成事業所ごとに、放課後児童支援員を置かなければならない」

「放課後児童支援員の数は、支援の単位ごとに二人以上とする。ただし、その一人を除き、補助員(放課後児童支援員が行う支援について放課後児童支援員を補助する者をいう。第五項において同じ。)をもってこれに代えることができる」(厚生労働省令第一〇条、同二項)

ただし、これは義務ではありません。二〇一五年(平成二七年)から二〇二〇年(令和二年)までは義務でしたが、現在は「参酌すべき基準」――つまり省令を基に市区町村が基準条例を制定するときに参考にするべき基準に緩和されています。

子どもの支援・援助に関する資格者を配置することは、育成支援事業の質を確保するために必要です。学童保育業界は長年、資格制度の実施を求めてきました。二〇一五年にようやく実現したのですが、この待望の資格はいくつかの大きな弱点を抱えています。

簡単に取得できる資格の弊害

弱点の一つは、あまりにも簡単に取得ができることの弊害です。

放課後児童支援員の資格は、基礎資格を備えた者が、指定の研修（「認定資格研修」と言います）を受講することで都道府県知事から認定を受けて取得します。試験や選考はありません。基礎資格があって研修を休まず受講さえすれば必ず取得できる資格なのです。そのせいか、簡単に取得できる資格として人気を集めているようです。なお、保育士には「指定保育士養成施設」とされている大学や専門学校を卒業すると資格が得られる仕組みがありますが、放課後児童支援員資格は、大学や専門学校を卒業しても得られません。

基礎資格には複数の種類があります。主なものは保育士・社会福祉士・各種教員の資格です。大学で社会福祉学・心理学・教育学・社会学・芸術学・体育学を専修しても基礎資格となります。また、いわゆる任用資格として、高等学校卒業者で二年以上（プラス二〇〇〇時間）の実務経験があれば基礎資格を満たします。

認定資格研修は各分野にわたって合計二四時間の講義を受講します。保育士などの基礎資格を持っていれば、いくつかの講義が免除される仕組みもあります。いずれにせよ、最大二四時間の講義を受ければ取得できる公的な資格なので、人気が出るのも当然かもしれません。

私も以前、この研修の事務の手伝いをしました。講義では、試験がない代わりに講義ごとにレポートを提出する方式を取っていて、私はそのレポートに確認印を押す仕事をしましたが、丁寧にレポートを書く受講者もいれば、記入欄に空白が多い受講者、テキストの文章をかなり「引用」して欄を埋めている受講者などさまざまな人がいました。

講師は、自身の専門性を踏まえて丁寧な講義をしますが、一つ一つの科目の時間数が絶対的に不足していることが問題だと思いました。本来、放課後児童支援員として学ぶべき内容は膨大にあるのに、講義時間は全体で二四時間しかありません。また、講義の理解度を判定する試験がないため、受講者は資格としての専門性を十分に身につけることができていないのは明らかです。しかも一度取得してしまえば、介護支援専門員(ケアマネジャー)のような再度の受講義務もありません。資格に必要な知識のアップデートを公的に保障する仕組みが備わっていないのです。つまり専門性が十分に備わった公的資格と言い切ることが難しいのが放課後児童支援員という資格なのです。

受難続きの資格

ようやく誕生した放課後児童支援員資格は受難続きです。人手不足によって配置基準が達成できない市区町村が続出したのに対し、賃金を上げて人手不足を解消するのではなく、資格者の配置を義務としないことで人手不足に対応しました。こうした本末転倒の手段で解決を図ったことは、学童保育が国から軽視されていることの象徴だと私は思います。資格者の配置が必要でない、ということは育成支援の質の低下にも直結しますが、その点についての配慮は全くありません。もちろん、学童保育業界はこのことを極めて深刻に受け止め、今も「参酌基準」から「従うべき基準」に戻すように訴えています。国も放課後児童支援員の配置がない場合は補助金額を減額する仕組みを導入して、実質的に資格者の配置を促進する措置を採用しています。しかし、基準が緩和されたことには変わりありません。

こうして一度後退してしまったこの資格制度は二〇二三年(令和五年)夏から再度、試練を迎えています。地方からの新たな要望がこども家庭庁に出されました。今度は、保育士と教員の資格者に対し資格認定研修そのものを免除することを求める内容です。これが実現すると放課後児童支援員の資格はますます骨抜きにされます。

保育士や教員の資格を持っている人は大学等で保育や教育について専門的な知識を学んだり、試験を受けたりして資格を取得しています。だから認定資格研修は必要ない、という考えなのでしょう。すでに一部科目の免除もあるのだから、と。しかしそれは絶対に間違いです。現在の二四時間の受講時間ですら育成支援の専門性を身につけるには不足しています。小学生の育成支援は、保育士が学ぶ保育の面と、教員が学ぶ教育の面、それぞれが密接にかかわり合って成り立つ専門的な支援・援助のスキルなのです。確かに保育士は法令上、一八歳までを含む児童の支援専門職ですが、育成支援において必要な教育的側面について学ぶ機会はさほどありません。教員資格についてはその逆で、学校で発揮される教育的な指導とはおおむね正反対の、子どもの自主性・主体性を後押しする支援について、知見を深める必要があります。言うなれば、保育と教育、それぞれを学ぶ機会が認定資格研修であり、保育士だから、教員だからと、それを免除することはあってはなりません。

研修免除の動きは、資格の軽視が背景にあり、私は残念に思います。本来なら、もっと資格の専門性を強化すべきところが、正反対の動きになっています。

「保育」と「教育」を足して二で割る

子どもは集団の中で他者とのかかわりを意識しながら成長するにつれ、主体的に社会性や自己肯定感を備えていきます。その過程を支援することが学童保育所の職員の仕事です。保育所での保育に近い面はありますが、年齢に応じて支援の手法を変えていく必要があります。学校で行われる教育的手法が通じるとも限りません。あいまいな表現ですが「保育と教育を足して二で割る」的な手法が学童保育所の職員に求められます。

例えば、次のケースを考えてみてください。これは実際に私がかかわった事例です。

子どもがクモを捕まえてきて、虫かごに入れました。それから、カブトムシ飼育用に準備してあった昆虫ゼリーを一緒に入れました。子どもが職員に話しかけました。

「クモを捕まえたよ。食べるかもしれないからゼリーも入れたんだ」

それを聞いた職員はすかさず子どもに言いました。

「ダメよ。クモはね、生きている虫を食べるの。ゼリーなんか食べないの。あーあ、ゼリーを無駄にして」

それまで生き生きとしていた子どもですが、職員に言われて急に興味も関心もなくなったようで、虫かごからクモを逃がしました。

このケースで、子どもの育成支援にかかわる職員は、子どもにどのような対応をすればよかったのでしょうか。確かにクモは昆虫ゼリーを食べないでしょう。学習時間であれば、知識を正確に伝えるために「クモは昆虫ゼリーを食べない」ことをこのようにすかさず子どもに伝えるという判断もあり得るかもしれません。

しかし、学童保育で子どもが過ごす時間では、必ずしも正誤をその場で伝える必要はありません。むしろ、子どもの探求心や知的興味が主体性を伸ばすことにつながることに職員は留意する必要があります。先ほどのケースなら職員は、「そうだね、食べるかもしれないね。クモがゼリーを食べるかどうか、また明日、観察してみよう」と、伝えるとよかったと私は考えます。頭ごなしに「それは間違っている」と切り捨てては子どもの主体性や自己肯定感も一緒に切り捨てることになってしまいます。翌日、ゼリーを食べていないクモを見た子どもが不思議に思っていたなら、「じゃあ図鑑で調べてみようか」と促し、自分自身で調べ新たな知識を得ようとする子どもを支える——そうした姿勢が学童保育所で働く人に求められるのだと私は思います。

学童職員の経歴はさまざま

実のところ、教員資格や教員の経歴を持つ職員には、教育的な配慮が先に立って、問題の正誤を即座に伝えることが子どもの成長に役立つと考える傾向があります。これは場合によって育成支援の適切な実施を妨げることにつながります。子どもの育成支援は、大人が教えて子どもが学ぶという一方向の関係ではないからです。

学童保育所の職員の経歴は多彩です。保育士の資格を持つ、あるいは保育所で働いていた保育系の人。教員免許がある教育系の人。社会福祉士の資格を持つ、あるいは高齢者や障害者の福祉施設で働いていた福祉系の人。無資格で学童保育所で働き続けて実務経験を積んで任用資格を得た、たたき上げの人。これら四つのバックボーンを持つ人が一緒に働いているのが学童保育の世界なのです。

つまり、子どもへのアプローチの手法が違う、あるいはそうした知識を最初から持ち合わせていなかったりする人たちに、育成支援の概念と基礎的な知識を与えるためにも、学童保育の世界には十分な研修を受けた上で得られる資格が必要なのです。その資格は、一度取得すればそれで一生保持できるというものではなく、その専門性をより深める機会が常にあって、日々アップデートされていくべきものでなければならないと私は思います。資格取得は、それぞれのバックボーンを持つ人たちが同じスタートラインに立つためのきっかけにすぎません。

学童職員に求められる資質

私が、学童保育の職員に欠かせない重要な資質として真っ先に挙げたいのは、「人間として喜怒哀楽の大切さを知っていて、十分な社会性や常識を備え、コミュニケーション能力にも問題がない」ことです。それは非認知能力そのものですが、先のクモの例で言えば、「クモはゼリーを食べるかな?」とワクワクしている子どもに共感できる豊かな感受性と、子どもが自分の考えで行ったことを肯定する気持ちです。

学童保育所で子どもは突然けんかをはじめたり、誰かに乱暴な行動をとったりします。多くの場合、乱暴な行動をした子どもを咎《とが》め、被害を受けた子どもに謝らせてトラブルの解決とします。しかしそれでは、本質的には何も解決していません。そのことを理解できる人には、子どもの育成支援に関して素質があると言えます。

子どもの突発的な行動には「どうしてそういう行動をしたのか」の理由が子どもなりにあります。例えば、学童保育所で、ある子が急に近くにいた子どもを手で叩きました。暴力を振るった子は、実はその日、学校での嫌な体験を急に思い出し、苛立《いらだ》ってしまったことがわかりました。もちろん、大人ならば、他者を叩くことでイライラを発散するのは理由にならないことはわかっています。しかし、ストレスの上手な処理方法をまだ十分に備えていない子どもには、理由になってしまうことがあるのです。

子どもが問題行動を起こしたとき、その理由はどこにあるのか。学校でのことか、家庭でのことか、あるいは数日前に学童内で起きていたことが原因なのか――。それは他者を叩いた子どもに聞かないとわかりません。叩いた子が抱えている理由をしっかりと把握することで、次に同じようなことが起きないように子どもを支援していくことが、学童保育の職員に必要であり、その考え方に共感できる人は学童保育で働く資質があると言えます。「急に人を叩くような子どもはバシッと叱るべきですよ」と考える人は、私なら絶対に採用しません。

放課後児童支援員らの職員は、常に子どもの内面に寄り添って、丁寧に「どうして、そういうことをしたくなったのか」と、子どもの気持ちへのアプローチをする必要があります。一方的に大人の視線で「それはダメ」と切り捨ててはいけません。それぞれの子どもの立場・視線になりかわってみて状況を考えてみること。叩いた子の内面、叩かれた子の悲しくつらい気持ち、それぞれの立場になって考えてみること。それらの作業をする思考が必要です。あらゆる視点から物事を考えることです。私はそれを「複眼的思考」と呼んでいます。

むろん、これは叩かれた子に我慢を強いることとは全く別の話です。どんなことであれ、誰しも危害を加えられていいはずはありません。叩かれた子、問題行動の対象にされてしまった子のつらい気持ちを最大限に理解して、その子が学童で穏やかに過ごす権利を守らねばなりません。「本当にごめんね。あの子は、実はこういうことがあってあなたにひどいことをした。もうこんなことは二度と起こさないようにするから安心してね」と、傷ついた子どもの気持ちにも寄り添うことは当然です。

マルチタスク能力の大切さ

非認知能力と並んでもう一つ、学童保育の職員に欠かせない資質があります。それはマルチタスク能力――同時に複数の事態を把握してその先を予測し、優先順位を付けて処理していくこと――です。

学童保育所では、大勢の子どもたちがあちこちでいろいろなことをして、状況が常に目まぐるしく変化しています。職員たちが役割を分担して子どもたちの対応をしつつ、正規職員は全体の状況を把握しながら、その日の子どもの過ごし方をチェックします。その上で、あちこちで起きるトラブルやけがに即座に対応すること、予期せぬ障害が起きたらその先のスケジュールを臨機応変に変更し、ほかの職員に指示したり相談したりできなければなりません。聖徳太子ではありませんが、それぐらいの高い即応能力が求められます。なにせ、予期せぬ動きをする子どもたちが、あちらこちらに何十人もいるのです。ただ子どもが好きでは務められません。

非認知能力であれ、マルチタスク能力であれ、この二つの能力が学童保育の職員の資質として絶対的に必要であり、職務の専門性を支える重要な要素です。ただ残念ながらこの二つの能力は、放課後児童支援員を対象として行われている研修や事業者による職員教育において十分に意識されているとは言えません。

「育成支援」という用語が使われ始めたのは二〇一五年(平成二七年)とつい最近であり、保育学や教育学と異なり、大学などの専門機関における「学童保育の育成支援」の研究もあまり進んでいません。保育学の専門家は大勢いますが、学童保育における育成支援に特化した専門家はあまり見かけません。この分野のアカデミズムの研究はこれからといった状況です。育成支援に関する理論的な構築が発展途上であるため、放課後児童支援員への研修は、ベテラン職員による経験論や実践をベースにしたスタイルが多くなります。結果的に属人的な要素が色濃い研修に偏るため、研修内容に物足りなさを感じている支援員も多いです。まして、社会性や非認知能力の重要性、マルチタスク能力といった実務面の研究や研修は遅れています。

放課後児童支援員など学童保育の職員の資質向上は、学童保育、すなわち育成支援の専門性と重要性を社会が認識するために欠かせません。学童保育の世界は、この分野の強化を早く進める必要があります。

8　コンプライアンスとリスクマネジメント

徹底されない学童保育のコンプライアンス

コンプライアンス（法令遵守）は、事業者にも個々の職員にも当然求められるものです。放課後児童クラブであれば、児童福祉法やこども基本法といった子どもに関する法律や省令、市区町村が定める基準条例は言うに及ばず、民法や労働基準法など、事業運営にかかわる法令、さらに事業者がおのおの定める就業規則のような組織内の規定も守らなければなりません。

先に紹介した東京都で起きた職員数水増しによる補助金の不正受給問題では、事業者が設置した第三者委員会がコンプライアンス意識の欠如を厳しく指摘しました。同委員会が公表した調査報告書の概要では、「不適切報告及び重大な不適切報告は総じて法人全体、事業本部単位等で組織的に行われたものではなく、一部の事業所ないし現場が個別に行ったもの」と結論づけられました。その上で、

・人員不足、それに対する法人全体としての取り組み不足
・自治体とのコミュニケーション不足
・法人本部・事業本部・現場におけるコンプライアンス意識の低さ
・法人本部・事業本部による現場の管理体制の不備

という四点が原因として挙げられていました。

私はこの水増しの事案でも感じたのですが、学童保育の世界ではコンプライアンスが徹底されてい

ません。その背景には次の三点があると思います。

一つ目は「人手不足等で、法令を守りたくても守れないこと」。

二つ目は「実のところ法令をあまりよく理解していないこと」。

三つ目は「法令よりも目の前の子どもとのかかわりを優先してしまう傾向があること」。

一点目の人手不足は、もちろんそれを理由にしてはならないのですが、先の職員数水増しが典型例と言えます。これは特に、労働基準法を中心とした、働く人の権利を守る法令面について顕著です。サービス残業や仕事を持ち帰ることが当たり前になっている、時間外労働に対して正当な割増賃金が支払われていない、休日や休憩が法律通りに取得できない、年次有給休暇や育児休業の取得が妨げられる、といった状況です。いまだに出退勤の時刻を正確に記録していない事業者も存在しています。

とはいえ、「コンプライアンスがかなりうるさく言われるようになっているこの時代に、そんなことがあるの?」と思われるかもしれません。そこで、労働関係の法令があまり守られていない学童保育の典型例を紹介します。新人の学童保育所職員の「石田志援」が、四月一日に初出勤した架空の放課後児童クラブを描いたストーリーです。フィクションですが、多くの学童保育所でありがちな光景です。

新人職員「石田志援」の初出勤

四月一日午前七時半。さわやかに晴れ上がった朝、子どもを連れた保護者が次々にクラブにやってきます。「おはよう!」の声があちこちで飛び交って活気にあふれています。実は新年度から新たな体制がスタートしました。午前八時の学童開所時刻は変わりませんが、三〇分早い七時半から子どもをクラブ内で受け入れることにしたのです。それまでの朝八時開所では仕事に間に合うだろうかと不安そうな保護者が多かったのですが、三〇分早くなったことで、表情には余裕があります。「ほんとに助かる」「これで遅刻しないですむ」と、保護者たちはそろって大歓迎です。

八時までは臨時の受け入れなので、出勤しているのは非常勤のパート職員一人だけ……のはずですが、ベテランの正規職員も忙しく動き回っています。この日に初登所を迎える新一年生の顔と名前を確認しながら、「八時までは座って本でも読んでおいて！」と盛んに声を上げています。と同時に、「遅いわね」と何かにいらついている様子も。

我が子を連れてきた保護者会会長は、ベテラン職員があわただしく動き回る様子を見て不思議に思い、声をかけました。

「おはようございます。早いですね。正規職員さんは八時からの勤務ではないんですか？」

「あら、おはようございます。そうですけどね、迎えるこちらとしてはやっぱり不安ですから。もちろん、今は勤務じゃないですよ。年度初めだし、新一年生も何人か登所するってことだから、自主的に来ただけです」

と早口で話した後、

「でも、新人は来てませんけどね」

と、不満そうに付け加えました。

「今日から新人職員が来るんでしたね。お会いしたかったけど、近いうちにお目にかかれますね。では、今年度もよろしくお願いします」

と会長は子どもを託して会社へ向かいました。

七時五〇分になりました。クラブの入り口付近に女性が現われ、深呼吸をし、スマホで時刻を確認しています。

「よし、出勤一〇分前！　一〇分前行動が社会人の基本！　初日、気合を入れて頑張るぞ！」

と、元気いっぱいにクラブ内に入ってきました。

「おはようございます！　本日からこちらに配属された新人の石田志援です！　よろしくお願いします！」

出入り口で元気よく叫んだ志援は、心の内で「社会人合格！　出だし順調！」としてやったりでしたが、その意気込みはベテラン職員の一言で吹き飛びました。

「あら、新人のくせに遅いわね！　私は七時半には来て仕事してますけど」

え、ええ？　だって八時から勤務開始で、その一〇分前に来たのに。運営本部の新人レクチャーでは「一〇分前出勤が大事です。これは命令ではないですが、社会人の心構えとしては素晴らしいことです。初日はこれを心がけて出勤してください」と、言われたのに？　なんで、なんで？

「いいから早く支度して。子どもたちの出欠確認が最初の仕事。ロッカーはその扉の向こう。ロッカーのドアにあなたの名前を貼っておきましたからわかるでしょう。着替えて支度が終わったらすぐにやってちょうだい。まったく新人のくせにやる気がないのかしらね」

昨夜から「子どもたちに頼りにされる支援員になる！」と意気込んでいた志援でしたが、まさかの初日に先輩から洗礼を受け、さっそく打ちひしがれてしまいました。

「は、はい。遅れてすみません」
と言うのがやっとです。あれほど待ち焦がれていた支援員生活は暗雲垂れ込めるスタートになりました。

（終）

物語中のコンプライアンスの問題

さて、この短いストーリーに、コンプライアンス上、見逃せない行為が複数含まれています。

まずはベテラン職員の出勤時間です。午前八時からの勤務ですが、子どもの受け入れが心配と七時半に出勤して業務を始めています。これは事業者の指示に反しています。出勤時刻前に申請もなく勤務することは問題です。賃金支払の対象にもなりません。

そもそも午前八時の開所時刻と勤務開始時刻が同じであることがおかしいのです。百貨店やスーパーマーケットで、開店時刻と出勤時刻が同時ということはありませんよね。でも、学童保育の世界には珍しくありません。子どものことが心配だから、あるいは掃除やその日の予定の準備のためにと勤務時間前に善意で早く来て働いている職員が大変多いのです。そのことを多くの学童保育の職員は当たり前のこととして受け止めています。

次に、新人の志援が行った一〇分前出勤です。社会人として自発的に一〇分前に出勤して始業の準備を行うことは何も問題がないのですが、事業者からも、一〇分前に出勤することを期待されています。これは「黙示の指示」に相当します。事業者は賃金を支払う必要があります。良心的な事業者であれば、タイムカード等に記録された時刻以後は賃金を支払うでしょうが、そのような事業者は少数でしょう。勤務時間外に働くことを事業者が期待し、職員も「子どものためなら」と取り組むことこそ、まさに先に触れた「やりがい搾取」の典型例です。

先輩のベテラン職員が志援を叱った行為はハラスメントと言えます。まだ何もわからない新人職員に、具体的な理由を示さずに感情的に対応することは、適切な職場環境の形成という観点からも好ましくありません。まして、出勤義務のない午前七時半に出勤していなかったことを責めるのは理不尽です。これが何度も続くようであれば、パワーハラスメントとして問題視されなければなりません。

支援の例は朝の時間帯を切り取ったものでしたが、勤務時間を過ぎて夜遅くまで働く職員も多いです。実際、私が立ち会ったこういうケースがありました。

学童保育業界の会合で

ある学童保育業界の会合に参加しました。会合の目的は雇用労働条件の改善です。有能で人望も厚いベテランの放課後児童支援員が参加者に苦境を訴えました。

「自分のクラブは本当に人がいません。募集しても一人として応募が来ないんです。この二カ月、一日も休みがありませんでした。毎日、数時間の残業をして、日曜日は平日処理しきれなかった書類を片づけています。もうボロボロ……。でも子どもたちのために頑張っているし、頑張れるんです。それが学童保育で子どもたちを支えるということですから」

会場は拍手喝采でしたが、私は「それは違う」と違和感を覚えました。

確かにその状況は酷い。それだけ深刻な人手不足だと休憩すら取れないこともあるでしょう。では、時間外賃金の支払いはなされているのでしょうか。そもそも「子どもたちのため」であれば違法な労働実態が免責される、ということはありません。

事業者はそのような状況を知っているはずですから、時給や基本給の額を少しでも増やし、なんとかして人を雇い、法令を守る努力をするのが当然です。二カ月も法令違反の状態を放置してはいけません。それができていないということはコンプライアンスが何よりも優先されなければならないという意識が薄いということです。

保護者会運営で顕著なコンプライアンス問題

コンプライアンスの問題は、保護者会運営の学童保育所でより深刻です。当然ながら保護者たちは運営業務に常にかかわっているわけではなく、労働法や民法、児童福祉法など関連法令に詳しい人は多くありません。おのずと事業の運営は現場職員に丸投げとなりがちです。運営者たる保護者にコンプライアンスへの興味関心があったとしても、現場ではコンプライアンスが徹底されているかどうかがわかりません。

近年は、障害者雇用・高年齢者雇用・女性の登用など、さまざまな場面で関係機関に報告をしなければならないことが増えてきています。パート・アルバイトの雇用時や契約更新時に必要な通知事項も法改正で毎年のように増えてきています。しかし、こういった法務面にも対応できていません。

さらに労働災害への対応などは、特におざなりにされがちです。学童保育の仕事は子どもと遊ぶため体を動かすことが多いので業務中の負傷が多くなります。しかし事業者によっては、なかなか労災申請に取り組んでくれないという話を聞きます。

労災認定と産業医の問題

事業者は労働者の健康を守るため産業医や衛生委員会などを設置しなければなりませんが、積極的に向き合っている事業者は稀です。労働安全衛生は事業場ごとの単位で考えるのが基本ですが、複数の学童保育所を運営している事業者は、一つの学童保育所では設置が必要となる労働者数に及ばないとして衛生委員会や産業医の設置に後ろ向きです。

しかし国は、事業場が独立して運営できる機能を持っていない場合は、直近上位の事業場を含めて一つの事業場と考える——と示しています。複数の学童保育所を運営する事業者は、給与や経費の計算を本部で一括することが多いため、事業者全体で一つの事業場として考えるべきです。しかし、事業者は衛生委員会や産業医の設置予算が増えることを嫌がり後回しにしがちなのです。それでは職員の健康は守れません。

結局のところ、学童保育の世界では「コンプライアンスは自分たちができる範囲で徹底する」という思考になっています。これを「コンプライアンスを徹底することが絶対に優先される」という思考に変えていかなければなりません。

指定管理がはずされるリスク

学童保育所の運営事業者のコンプライアンス意識の希薄さと並んで、リスクマネジメントの取り組みの弱さも大きな問題です。事業運営において最も重要なのは安定と継続です。運営事業者は、日々の事業を円滑に行うために職員の健康管理に努め、長期の休職者や離職者の発生を防ぎつつ、人手不足であれば早急に人員を確保するなどして、安定的かつ持続的な事業運営の実現に努めねばなりません。

リスクマネジメントについてもやはり、保護者由来の運営事業者の意識の低さが目立ちます。現状、市区町村が指定管理者制度等によって営利法人に学童保育所の運営を任せています。保護者由来の組織がいつ、指定管理者や委託先に選ばれずに事業ができなくなってもおかしくない時代です。そうならないようにするためには市区町村や保護者にとってメリットを実感できるような事業運営を行う必要がありますが、保護者由来の事業者にありがちなのが「育成支援こそ重要で、子どもへの質の高い支援・援助さえしていれば指定管理者等の公募で高い評価をされるはずだ」という思い込みです。もちろん、育成支援充実を重視した事業者が選ばれてほしいのですが、現実を冷静に踏まえると、保護者の利便性や事業効率を前面に打ち出してくる営利法人が指定管理者等の選定において高い評価を受けるであろうことは疑いのない事実です。

保護者由来の学童保育事業はいま岐路に立たされていると言えるでしょう。事業が継続できなくなるという最悪の状況を防ぐためのリスクマネジメントが求められているのです。

夏のプールでの死亡事故

災害や事故などの緊急事態における事業継続計画（ＢＣＰ）への関心が薄いと思われる学童保育所も

数多くあります。

二〇二三年（令和五年）夏に起きたプールでの痛ましい死亡事故はその典型だと私は考えています。「事前にプールの下見はしたか」「事前に参加する子どもの身長・泳力・体調は確認したか」「監視にあたる職員は何人か。担当する作業は何か」「事前情報や職員配置計画を基に演習（シミュレーション）をしたか」など、事故やトラブルを防ぐためにいくつか確認しなければならないことがあります。それらを徹底せず、「例年、事故がないから今年も大丈夫」「プールだから安全だ」などの思い込みが仮にあったとしたら、そうした運営状態が結果的に重大事故（ハザード）を招いたと考えられるのです。

もし、プール遊びの状況を監視する人員が不足していたため引き起こされた事故だったとしたら、それこそリスクマネジメントの欠落です。従事できる職員数に応じた活動を計画するか、それでも十分に監視体制が取れないならば中止すべきだったのです。子どもの命を守ることが子どもの最善の利益です。しかしここでも、「子どもたちが悲しむから」「がっかりするから」といった安易なセンチメンタリズムが幅を利かしてしまいがちです。コンプライアンス、リスクマネジメントより安易で薄っぺらな子どもへの同情が優先されることが学童保育業界の弱点だと言えます。

ビジネス感覚が薄い保護者会由来の学童

気の合う仲間同士で役員などを務めている保護者会由来の学童保育所では、メンバーの人間関係が時としてマイナスに作用します。ビジネスである以上、まず従うべきは法令や事業者が設けた規定類などを遵守することです。その上で事業が継続し発展するために組織に尽くさなくてはなりません。

それなのに、仲間うちの役員同士で波風が立たないように、お互いにギスギスしないように——ということを優先してしまいがちです。そのような組織風土では、仲良しの役員が結託して、理事会等の会議体で決定していた事業方針を勝手に変更する、といったことも起こりがちです。これらはコンプライアンス違反であり、重大なガバナンス違反です。

事業運営を続けるために、子どもの支援・子育て支援を続けるために、それまで培ってきた人間関係を超えて、事業運営に最も適切な方策を事業者として採用できるか否か。そのためには、一日も早くプロの経営者になる必要があります。

第6章　学童ガチャの悲劇——学童保育の選択

〝学童ガチャ〟という、あまり歓迎されない語句を目にする機会が増えました。子どもが親を選べないということを表す〝親ガチャ〟から派生したようです。この章では、学童ガチャの現実と対処法について紹介するとともに、学童保育所で子どもがどう過ごしているかについても触れておきます。

1　学童ガチャの実態

やっと入れた学童なのに

「小一の壁」を乗り越えて、やっと入れた学童保育所。それなのに、入所した学童保育の運営方針が、保護者のライススタイルと合わなかったり、子どもの性格に合わなかったりしたら、どうすればよいのでしょう。「学童ガチャ問題」の急浮上です。

もちろん、学童保育所に限らず、児童館や図書館、スーパーマーケットや銀行にしたって、自分が利用する施設すべてに満足できるとは限りません。使い勝手が悪かったら、仕方ないと諦めて施設の方針に自らのスタイルを合わせるか、別の施設を使うことになります。しかし学童保育所の場合は、「代わりとなる施設がなかなか見つからないこと」と、「見つかったとしても、そこが本当に保護者にとって使い勝手がよく、子どもも行き渋らない学童保育所なのかどうか、入ってみないとわからないこと」が、難しいところです。

公設の学童保育所――つまり放課後児童クラブは、通常は子どもが通う小学校の学区にある施設しか利用できません。複数の小学校区の子どもが通える「広域学童」と呼ばれる放課後児童クラブもありますが、それがある地域は多くありません。隣の小学校の子どもが通うクラブの評判がいいからと言って、そのクラブに子どもを通わせようとしても、それを認めない運営事業者が圧倒的に多いでしょう。

民間なら起こらない？

民間の学童保育所は特定の小学校の子どもに限定しないで受け入れを行っています。民間学童の場合には、その施設の各種サービスに魅力を感じた人が自ら選んで入所することになりますから、学童ガチャの問題は起こりません。もしその施設が子どもや保護者の考え方などに合わないと思えば、退所して別の民間学童を探せばすみます。

施設の選択ができないときに起こる学童ガチャ問題。私は将来的に、子どもの居場所に関する学童保育以外の事業や制度が整っていくことで解消に向かう可能性があると思っていますが、現状を考えると、そうした時代はまだまだ先だろうと思います。よって学童ガチャの対策は、学童保育の利用を決めたときから、しっかりと考えておかなければならないということに尽きます。

2　学童ガチャ対策の第一歩――学童保育所をよく調べる

まずは情報収集

子どもを学童保育に入所させようと思ったとき、学童ガチャ対策として保護者がすべきことを見ていきます。

小一の壁がなく、申請すれば入所できそうな放課後児童クラブが地元にあれば、まずはそこの情報収集から始めます。運営方針や育成支援の取り組み方などを調べた上で、まわりの知り合いにも評判を聞いてみましょう。保育所や幼稚園、こども園で知り合った保護者からの口コミ情報は重要です。その上で、子どもが施設にいるときの実際の雰囲気を知るために、運営事業者に連絡して見学に向かいます。

情報収集では、入所のための資料で次のような事項を確認しておきましょう。資料に載っていないことについては運営事業者に直接聞いてみましょう。

・事業の種類は「放課後児童クラブ」か「放課後子供教室＋放課後児童クラブ」か「全児童対策」か。
・運営形態は「公営」か「民営」か。
・夏休み期間中などの「短期間受け入れ」を行っているか。

・「特別支援児受け入れ」の充実度。「加配職員」の有無。
・食物など各種アレルギーへの対応の程度。「エピペン」への対応。
・利用料金。夏季や冬季、延長受け入れに際しての別途料金の有無。有る場合の金額。
・子どもの受け入れ時間(開所時刻と閉所時刻)。特に長期休業期間中が重要。
・土曜日の受け入れ態勢(利用児童数が少ないため場所が変わるケースがある)。
・長期休業期間中(夏休み等)の昼食。弁当持参か施設提供か。
・保護者が運営に参加するかどうか。参加するならどの程度か。
・「保護者会」の有無。有る場合の会費の金額。
・車を利用した送迎が可能か。駐車場の有無。有る場合の場所。
・登所中における習い事の利用が可能かどうか。

学童の利用に際して保護者のほうから施設(運営事業者)に伝えておかなければならないこともあります。それは、入所する子どもの発達面に関する情報と、アレルギーの有無の情報です。これは必ず事前に運営事業者に伝えておかなくてはなりません。

発達面の情報を必ず伝える

子どもは学童保育所で数年にわたって、小学一~六年生の集団の中で過ごします。学童はいわば〝第二の家庭〟です。しかし家庭とまったく同じように過ごせるわけではなく、職員が指示するスケジュールに沿って過ごすことになります。

中には、職員が指示するスケジュール通りに行動することが難しい発達障害の子ども、もしくは発達面でそれに近い子どもがいます。そうした子どもは「次にこれをする」という場面の切り替えが苦手だったり、自分が思ったことをそのまま発言したり行動したりします。その結果、周りの子どもとトラブルになることがあります。そうなるとその子どもは集団で過ごすことが苦痛になり、学童に行き渋るようになります。そんな事態になる前に、学童保育所の職員は、発達障害の子どもや発達面でそれに近い子どもへのかかわり方には配慮します。

その配慮を万全にするためにも、「うちの子、落ち着きがなくて」「車道に飛び出すことが多くて」など、普段から気になっていることは事前に包み隠さず伝えておいてください。

学童保育所の職員は子どもに関する専門職です。保護者が子どもの発達面について隠したとしても、子どもがほかの子どもたちと交わっている様子を見たら、数十分で「この子は発達面で配慮すべき点がありそう」と見抜きます。また、多くの地域で学童保育職員は小学校側と子どもについての情報を共有しています。小学校には伝えているが学童には伝えていない——ということもいずれ学童職員の知るところとなります。つまり隠しても無駄だということです。

発達面に関して保護者が事業者に伝えてほしいのは次のようなことです。

・療育手帳等、障がいに関する各種の手帳が交付されているか。交付される予定はあるか。
・専門医の診断書があるか。あればその医師の診断内容。
・以前通っていた保育所等で、子どもの発達面に関して施設側から話があったか。あるいは専門家の診断を勧められことがあるか。

・以前通っていた保育所等で子どもに加配職員が配置されていたかどうか。
・就学時の健康診断において、行政から関係機関への相談を打診されたかどうか。

運営事業者によっては、入所手続き前に面談を行ったり体験受け入れを行ったりして、発達面で配慮が必要な子どもの入所に関して、きめ細かな対応をしている学童保育所があります。

なお、発達障害等を理由に学童保育所側が入所申請を受け付けないといった差別的な扱いは法令上認められていません。「正直に申告したら入所を断られるのではないか」という心配は無用です。ただ、子どもに療育手帳等の各種手帳が交付されているか(交付される予定があるか)について運営事業者から尋ねられ、交付されているなら「放課後等デイサービス」の利用検討を勧められることは可能性としてあります。子どもの発達面に配慮した最適な福祉制度を考えることも学童保育の運営事業者の大事な役割です。

アレルギーの有無を伝える

子どものアレルギーに関する情報も極めて重要です。とりわけ、アレルギーによるアナフィラキシーショックは生死に直結しますから、学童保育側はアレルギー関連情報には極めて厳密かつ慎重になります。食物アレルギー、金属アレルギー、花粉症など、アレルゲンによって対応が異なります。もっとも、たいていの学童保育所では、設備面の問題でアレルギー除去食の調理対応はできないことがほとんどです。特に重度の食物アレルギーの場合は、おやつの提供ができず、家庭から持参したおやつを食べてもらうことになります。

アレルギー関連で運営事業者側が困ることがあります。「今まで一度も食べさせていない食材があります」「たぶん何を食べても大丈夫」と保護者が申し出ることです。例えば、リンゴやイチゴのようなバラ科の果物やアーモンドは、アレルギー症状が同じように出ることがあります。「リンゴにはアレルギーはあるけれどイチゴは大丈夫」とは言い切れないのです。花粉症の場合には、「交差反応」と言って花粉の構造と似た構造を持つ細胞がある野菜や果物でアレルギー反応が出ることがあります。

家庭でほとんど食べさせたことがない食品がある、以前少しでもアレルギー症状が出たことがある食べものがある――という場合には、保護者は入所申請の前に必ず病院でアレルゲンの検査を行ってください。子どもの命を守るのは保護者の責務です。

アレルギーによるアナフィラキシーショックが起こった際、命を救う手段である薬剤の「エピペン」を所持する子どもも増えています。エピペンの使用方法を研修で学んでいる学童保育所の職員も増えています。エピペンを職員が使用することを国は例外的医療行為として認めていますから、万が一のときには安心して学童の職員にエピペンを使ってもらってください。家庭では、エピペンを置いてある場所(「この棚にある」「ランドセルのここに入れてある」等)を確認して、受け入れ施設側と必ず情報共有をしてください。

入所後の過ごし方を知っておく

3　学童保育所でどう過ごすことになるか

入所予定の学童保育所で子どもはどう過ごすことになるのか。そのことを事前に知っておくことは大切です。子どもの性格や好みの過ごし方にどれだけ合っているか、あるいは合わない部分はどこか。そうしたことを事前に把握しておくことで、子どもの不安や緊張を和らげるための対策を前もって考えておくことができます。また、学童保育のあいだに習い事に行かせることを考えている場合は、それが可能かどうかも確認しておきましょう。

そうしたことを確認しておくためにも、実際に子どもが登所している時間帯の学童保育所の内部の様子を見学しておくことが重要になります。実際に見てみないことにはわからないことがたくさんありますし、見学のときわからない点を直接職員に聞いてみることもできます。

一般的な学童保育所での子どもたちの過ごし方を見てみましょう。

●学校がある日（登校日）

「放課後」→「登所（施設が小学校の敷地外にある場合、子どもたちが集団で登所するか施設側の送迎があるかは運営事業者による）」→「宿題の時間」（必ず終わらせるかどうかは運営事業者による）→「遊びの時間」→「おやつの時間」→「遊びの時間」または「保護者の迎えを待つ時間」

「遊びの時間」を減らして、「学習時間」や「掃除時間」を設定するところも。高学年になると学童保育所への登所時刻が遅くなるので、宿題を済ませておやつを食べるとすぐに「保護者の迎えの時間を待つ時間」ということもあります。

●長期休業期間中（夏休み等）

「登所（保護者同伴が多いが学年によっては子どもの単独登所を認めるところもある）」→「宿題・学習の時間」

→「遊びの時間」→「昼食の時間」→「遊びの時間（「午睡」を行うところもある）」→「保護者の迎えを待つ時間」

「宿題の時間」や「学習の時間」については千差万別です。宿題を完全に終わらせる施設もあれば、あくまで子どもに任せる施設もあります。学習についても、別料金でホームラーニングを取り入れている施設もあれば、一切考慮しない施設もあります。「放課後子供教室」や「全児童対策事業」では、プログラムとして「学習時間」を設けているところがあります。

「遊びの時間」と「おやつの時間」

「遊びの時間」は学童保育の中心的な活動時間です。どういう遊びを行うかは、天候や職員の配置状況により左右されます。「外遊びが中心。泥んこになっても遊ぶ」というところもあれば、「室内遊びが中心」というところもあります。外遊びをする子もいれば、室内で読書をする子もいるという状況も珍しくありません。遊びの取り組み方は、個々の施設ごとに違います。ＤＶＤを見て過ごす時間も多くの施設で取り入れています。

「おやつの時間」では市販の袋菓子を提供するケースが多くなっています。その一方で、職員による手作りおやつを積極的に提供する学童保育所もまだまだあります。中には、おやつ担当職員を配置して、常に手作りおやつを準備している学童保育所もあり、子どもからも保護者からも好評です。手作りおやつは職員の手間がかかりますが、市販の菓子を購入するよりコストがかからず、季節感のあるメニューを提供できるという利点があります。ただ、調理する職員と調理設備が必要になりますから運営事業者にとって悩ましい問題でもあります。

「習い事」に通う場合

子どもに水泳やサッカー、習字、そろばん……と外部の習い事をさせたいという保護者は大変多いです。こうした習い事については運営事業者ごとに対応がまちまちです。登所時間中に習い事が利用可能な施設もあれば、習い事に行くことは認めない――つまり習い事がある日は学童保育所を休んでくださいという施設もあります。学童保育所に登所した子どもが習い事に行き、終了後は自宅に直帰する――というパターンもあります。そのとき、学童保育所は帰宅に責任を持てなくなります。また一方で、習い事によっては車やバスで学童保育所まで送迎するところもあります。保護者が事前の確認をせず、独断で習い事の利用をしようとして、学童保育所とトラブルになるケースもあります。

4 学童保育所にも性格がある

「主体型」と「管理型」

会社に社風があるように、学童保育所にも「性格」があります。その性格は、運営事業者の掲げる理念や方針に加えて、直接的には個々の職員の「運営に臨む考え方」によって形作られています。

私は学童保育所の性格を「主体型」と「管理型」の二種類に分けて考えています。

「主体型」とは、国が求める子どもの育成支援のために、子どもが主体的に成長していけるよう、子どもの自主性を尊重する方針で運営する学童保育所のことです。「管理型」とは、子どもたちの状況や行動予定を把握している職員が、施設内で過ごす時間が円滑かつ予定通りに進むよう必要な指示を子どもたちに出しながら運営する学童保育所です。主体型で運営するには、入所児童数が少なめで、職員数が比較的多いところが適しています。管理型はその逆になります。

主体型であっても、例えば新一年生が多い時期は、次に何をするのか、どんな遊びをするのかを職員が指示をして管理型の運営となることがあります。主体型は「子どもたちの意思決定を大切にする」と言えば聞こえはよいですが、その分、子ども同士のすれ違いやいざこざも起こりがちなので、対応できる職員数が少ないとなかなか実施できません。

そもそも、学童保育所は子どもが集団生活をする場ですから、一定のルール、スケジュールがあります。主体型だからと言って子どもがいつでも自由に過ごせるわけではありません。主体型であっても、宿題の時間、おやつの時間、遊びの時間と、大まかな時間割を設定していることが普通です。

私の印象では、保護者運営がルーツの学童保育所は主体型が多く、指定管理者制度等で営利企業が運営する「公設民営」の学童保育所は、職員数が少ないためか、管理型が多いように感じます。基本的に「公営」の学童は〝お役所気質〟のせいか、「とにかく事故がないように」という管理型が目立ちます。

子どもの入所前に保護者が、入所予定の学童保育所がどちらのタイプであるかを知ることは難しいでしょう。職員に尋ねても、「うちは管理を重視しています」のような明確な返答はたぶん期待できません。実際に子どもが入所して利用を続けるうちに、「主体型」か「管理型」かが見えてくることが多いでしょう。それでも、入所の事前説明会での職員の説明や配布資料に「当クラブは、子どもの自主性を大事に、のびのび過ごすことを大事にしています」とあれば主体型だと予想できるでしょうし、「集団生活のルールをしっかり学ぶ。生活のリズムを大事にしている」とあれば管理型だと予想できます。

主体型でも管理型でもその学童保育所が放課後児童クラブである限り、本来、遊びを大事にしているはずです。その学童での遊びに関して、保護者にぜひとも理解していただきたいことがあります。端的に言えば、学童保育所で子どもが「遊ぶこと」＝子どもが「けがをする」ことがある——ということです。

「遊びの時間」のけが

子どもの遊びには常にけがをするリスクがあります。外遊びなら、鬼ごっこで走っている最中に転んで足をくじいたり、ドッジボールやサッカーといった球技なら、ボールが当たって突き指をしたり……。室内遊びでも同じです。トランプやカード遊びで夢中になって紙で指を切ったり、カードを取ろうとしたほかの子どもの手がぶつかって突き指をしたりすることがあります。

そもそもどんな遊びにもハラハラドキドキする要素が含まれているもので、そこにリスクが潜んでいます。言い換えると、リスクがない遊びは遊びではありません。子どもが楽しいと思う遊びには常にけがのリスクが伴います。

「遊びの時間」における学童保育所の職員の役割は、子どもの命にかかわるようなけが、後遺症が残るような重篤なけが——すなわち「ハザード」を絶対に起こさないように常にリスクマネジメントをしながら、子どもが遊べる環境を整えることです。例えば、子どもの成長や発達の具合に応じた遊び方をさりげなく提案したり促したり。学童保育職員は、子どもとただ一緒に遊んでいるように見えても、常にリスクを踏まえた行動を取っているのです。

もちろん、「遊びにけがはつきもの」と言って小さなけがならいい、というわけにはいきません。職員は、子どもが校庭や公園で遊ぶとき、遊具に故障はないか、転んだ際に危険な石や釘が転がっていないか、近くにハチの巣はないかなどを調べます。暑い時期ならば熱中症にならないよう気温や湿度の状態をチェックします。このような事前の対応で防げるはずのけがは、起きても仕方がないけがでは決してありません。

子どものけがの報告義務

学童保育所の職員は、子どもがけがを負うとどんな小さなけがでも必ず当日に保護者に伝えます。運営事業者は、子どもを受け入れている限り、施設で起きたことに関して説明責任を負っています。「たいしたけがではないから」「子どもは気にしていないから」と勝手に判断して保護者に説明しないことは許されません。

子ども自身は、自分のけがのことを親に正確に説明できないことがあります。遊びに夢中だったりほかのことに関心が移っていたりすると、なかなか説明は難しくなります。学童保育の世界には「子どもの大丈夫は、大丈夫ではない」という格言のような言葉があります。職員は子どもの「痛くない、大丈夫」をうのみにせず、けがの部位を定期的に確認したり体温を定期的に計測したりする必要があります。特に、頭部や腹部、胸部といった部位にダメージがあった場合の素人判断は危険です。積極的に医療機関で受診させるよう心がけねばなりません。

保護者への説明を職員がおろそかにしていると、後で予想しない大きなトラブルに発展してしまうことがけっこうあります。帰宅後、子どもが学童保育所でのけがを思い出して親に話し、何も聞いていなかった保護者が「うちの子がけがをした。職員から説明が何もなかった。とんでもない！」と、運営事業者や市区町村に抗議することは珍しくありません。子どものけがが起こり得ることを保護者が理解しておくことと、わが子に起きたけがについて保護者が職員から知らされないこととは全く別の問題です。これを勘違いしている職員や運営事業者が少なからずいることが私には残念です。

保護者に対して子どもに起きたけがの報告をしなかったり説明する努力を怠ったりしていると、保護者から運営事業者や市町区村への抗議が増え、運営事業者がその職員に、あるいは市区町村が学童保育所に「けがは起こさないように」と指導することになります。その結果、「主体型」だった学童保育所が「管理型」になり、さらに子どもの行動をより制限する「超管理型」の学童保育所になっていくのです。「遊ぶとけがをするから、全員座って本を読むか、勉強すること！」と職員が子どもに命じる学童保育所は、恐ろしいことに現実に存在しています。そのような学童保育所は、子どもにとって退屈で苦痛な場所でしかありません。そのような学童保育所しか利用できないとしたら、まさに「学童ガチャ」の失敗です。

5　子どもの「行き渋り」

保護者が予期しない「行き渋り問題」

「小一の壁」を乗り越えてようやく子どもが学童保育所に入所できても、子どもが学童保育所に行くのを嫌がることがあります。いわゆる〝行き渋り〟です。学童保育所に行くのを嫌がるあまり、小学校の登校すら拒否する子どももいます。そうなってしまったら、保護者は仕事を休まざるを得ません。不登校の期間が長くなれば、保護者は仕事を続けることもままならなくなります。生活の大ピンチです。行き渋りを防ぐために保護者が行うべきことは次のようなことです。

●利用する前に、子どもの性格やコミュニケーションの得手不得手、好きな遊びの方向性を職員に伝えておく

子どもは、学童保育所へ通い始めた最初の数日間で、自分にとってそこが居心地がいい場所かどうかを判断します。ですから初めが肝心です。職員には、子どもがおとなしい性格か、活発で誰とでも会話ができるタイプかなど、子どものおおよその性格を事前に伝えておきましょう。「初めのうちは溶け込めるかどうか心配なので、一緒に入所する友だちと過ごせるように配慮をお願いします」など具体的な要望を伝えるのもいいでしょう。仲良しの同級生が同時に学童保育所に入所するならより安心です。ただ、先に入所している兄や姉がいたとしても安心はできません。学童では案外きょうだいげんかが多いのです。

職員は保護者から事前に得た情報をもとに、子どもが学童保育所で過ごしやすいような支援・援助を行います。「外遊びが苦手」な子どもであれば、職員は室内での遊びから始めさせて、徐々に子どもの興味が外遊びに向いていくようにします。

●子どもを迎えに行ったとき、職員からその日の子どもの様子を必ず聞く

これは職員も大歓迎です。真面目な職員はみな子どもの様子を保護者に伝えたくてウズウズしていると思ってください。学童保育所での子どもの様子を知ることで、異変を早めにキャッチできます。

職員も包み隠さず、「お子さんはまだ集団に溶け込めないようです。私たちはこういう工夫をしています」と保護者に伝えることが肝要です。隠しごとをしていては保護者との信頼関係は築けません。

●子どもを迎えに行ったとき、施設内に入ってほかの子どもについても様子を見たり、声をかけたりしてかかわりを持つ

学童保育所で過ごす子どもたちにだれがだれのお母さんやお父さんであるかを認識させることは、子ども同士のトラブルやいじめを防止する一定の効果をもたらします。学童保育所でのトラブルはほとんどが一過性ですが、ささいなことから深刻化することもあります。子どもはよく知っていて仲良くしてくれる大人が対立している相手の親であると、暴走しにくい——と私は経験上言うことができます。親が迎えにいったとき、わが子とトラブルになった子どもから「今日、意地悪をしちゃった。ごめんなさい」と言われることもあります。つまり「保護者が学童にいる子どもたちと仲良くなれば、深刻なトラブルは減る」のです。

●保護者同士で仲良くする

これは行き渋りとは直接関係ありませんが、長く学童保育所の利用を続けていくために保護者に考慮しておいてもらいたいことです。子ども同士のトラブルが親同士の争いに発展することは珍しくありません。親同士の争いになった場合、「相手を退所させてほしい」となるか「解決しないならウチが退所します」という一方的な展開になりがちです。相手を退所させても自分が退所しても気分はよくないでしょうし、自分が退所すれば安心して仕事をすることができなくなります。それを避けるためには、保護者同士が知り合いになり、仲良くなることが大事です。そうなるよう職員が率先して働き

かけることも必要です。

●「もう行きたくない」と子どもが言い出したときは無理やり登所させず、行きたくない原因を把握してその除去に務める

「行き渋り」の状態の子どもを無理に登所させると、子どもが学童保育所で極限状態に追い込まれてしまいます。まずは職員に相談して対応を一緒に考えましょう。例えば小学一年生の場合、「上級生がおっかない」という悩みを抱えがちです。特におとなしい性格の子どもにそうした傾向が見られます。どうして学童に行きたくないのか、子どもの本音を無理やり聞き出そうとするのではなく保護者と職員が協力して探り当てるようにしてください。それまで保護者は大変ですが、仕事を早退したり休んだりして子どもを自宅で見ながら、あまり時間をかけずに原因の把握とその除去に努めるしかありません。子どもを無理に行かせようとすると、事態がさらに悪化することがあります。職員は子どもの普段の様子から行き渋る原因の「あたり」をつけることができるでしょうから職員に頼りましょう。職員は、非常勤も含めて全員で対応を協議し、その子が過ごしやすいような状況を作ることを心がけましょう。

解決を急がない

子どもの行き渋りは、学童保育所での子ども同士の人間関係だけが原因とは限りません。その子にとって苦手な子が、学校でも同じクラスということもあります。職員に対して苦手意識を抱いていることもあります。乱暴な言葉遣いでおっかない職員がいたり、子どもの主体的な気持ちに寄り添えな

い職員がいたりすると、子どもが登所を嫌がるのは当然です。保護者から相談が寄せられたら、職員は自分たちの支援・援助に問題があるのではないかと考え、点検や確認をすることも必要です。

解決を急ぎたい保護者の気持ちはわかりますが、学童保育の職員への連絡・相談よりも先に運営本部や市区町村に直接抗議するのは避けていただきたいと思います。必ずしも速やかな解決にはつながらないからです。もちろん子どもへの虐待行為がある、継続的ないじめがあるという場合や、学童保育所職員による不適切な行為があったと思われる場合、運営事業者や職員が誠実に対応してくれない場合などには遠慮なく運営本部や市区町村に連絡しましょう。事態によっては警察にも伝えるべきです。しかしそのようなことではない場合は、まずは職員に伝えて対応を求めてください。学童保育所での子どもの様子を一番把握しているのはやはり職員ですから。

保護者と学童保育所の双方が連携して子どもが行き渋る原因の発見と除去に努めたら、子どもには「学童でしっかり見てくれるから」と安心できることを伝えて、徐々に登所できるようにしていきましょう。さまざまな年齢の子どもがいる集団の雰囲気になじめなかった子どもも、時間の経過とともに自然になじんでくる――ということは期待できます。それが子どもの成長です。

第7章　小さな学童保育を訪ねて——学童保育の実際

問題山積の学童保育の世界で、不十分な制度に悩まされつつも、子どもと職員が幸せに過ごせて、親にとっても利用しやすい学童保育所を作ろうと奮闘している人たちがいます。この章ではそんな運営事業者たちを紹介します。

1　すべてが手作り——福島県浅川町のアットホームな小さなクラブ

福島県浅川町の「あさまる児童くらぶ」

「白河の関」「みちのくの玄関」で知られる福島県白河市。その白河から東に向かって車で三〇分ほどの距離にある浅川町《あさかわまち》は、毎年八月に催される花火大会に多くの観光客が集まる花火の里。人口約五七〇〇人の自然に囲まれたのどかな町です。JR東日本水郡線《すいぐんせん》の磐城浅川《いわきあさかわ》駅の近くに「あさまる児童く

写真1　あさまる児童くらぶ

らぶ」はあります（写真1）。

あさまる児童くらぶは二〇二二年（令和四年）五月に開所しました。運営している中西龍也さんと中西いづみさんは元教員の夫婦です（写真2）。

「みんな手作りです。大家さんから好きに使っていいよ、と言われたので」

と龍也さんは笑顔を見せました。キャッチコピーは「ちいさな児童くらぶ」。二階建ての建物は年数こそ経っていますが、中西さん夫婦が丁寧に手を入れているので清潔感は十分。子どもが過ごすには何の問題もありません。

中西さん夫妻には現在、小学校に通う三人の子どもがいます。どうして自分たちで学童保育所を開設しようと思ったのでしょう。

「教員をしていて、疑問に思っていました。勉強が苦手で授業についてこられず、それが原因で不登校になってしまう子もいるのに、公教育のシステムでは、そういう子たちを救えません。個人的に救いたくても仕事が忙しすぎてどうにもなりませんでした」

写真2　あさまる児童くらぶを運営する元教員の中西龍也さん、いづみさん夫妻

と龍也さん。実際、教員時代は、自分の子どもたちが起きる前に出勤し、子どもたちが寝ついてから帰宅するほど忙しい生活が続いていたと言います。

勉強を教えないクラブにいたことがきっかけで

妻のいづみさんは、子育てのため学校を退職しましたが、近隣の地区にある学童保育所で非常勤の職員として働いていました。

「私も教員でしたから、子どもたちの宿題でわからないところを教えようと思えばできました。でも、そのクラブのルールで、宿題は子どもたちに任せて勉強は教えない、と決まっていて。頭を抱える子どもたちを見ていて、何とかできればいいな、とはずっと思っていました」

今の子どもたちには、学習の遅れを丁寧にフォローしてくれるような場所はなかなかない。子どもたちの居場所がそもそも少ない――。

夫と妻が考えていたことは同じでした。最初は、学習塾を開こうかと考えました。ただ、学習塾では、その日の学習が終われば子どもたちは帰宅します。でも、帰宅しても親が留守の家庭が多く、子どもに寄り添える人がいません。子どもが安心して過ごせる場所もありません。

不登校の子どもや、発達障害だったり発達障害に近い特性があったりする子どもが、落ち着いて過ごせる場所が少ないことも、二人の問題意識にありました。

「じゃあ、学童保育所がいいんじゃない？　と私が言ったと思います」

といづみさん。それに龍也さんも大賛成。

「教員だったとき、敷地内の学童保育所に子どもたちの様子をよく見に行っていました。学校で見せるのとまったく違う姿がそこにあるんです。それが楽しくて」

と龍也さん。

「子どもたちを支えられる学童保育所を作りたい」という思いが一致し、二人は目標に向かって動き始めました。そして「あさまる児童くらぶ」という一つの形に結実しました。二〇二〇年（令和二年）のことでした。

「子どもには安全に過ごせる空間と時間、仲間が必要だとよく言われます。その〝サンマ（三間）〟ができればいいなって」

と龍也さん。

家賃は年間一〇万円

紆余曲折を経ての開所でしたが、それまでの一年間はあっという間だったとのこと。

まずは学童保育所となる家探しから始めました。浅川町は龍也さんの地元。当初は別の物件に目星をつけていましたが、大家さんに勧められて今の場所を借りました。

「こんなに広いのに、年間一〇万円で、しかも好きに使っていいよって。とても助かっています」

地元の人たちが、お米や野菜を差し入れてくれることもしばしば。「地域に支えられている実感がありますと龍也さんは笑顔を見せます。

今は、広々とした二階部分を何かに使えないかと考えています。その二階部分も含め、建物の至るところを子どもたちと一緒にペンキを塗って楽しんでいるとのこと。「あさまる児童くらぶ」はとてもアットホームな子どもの居場所です。

2 勉強漬けではない子どもたち

登所後すぐに宿題に

あさまる児童くらぶでは、登所してきた子どもたちはすぐに宿題にとりかかります(写真3)。「宿題の時間」→「おやつの時間」→「個々の学習の取り組みの時間」という流れが通常とのこと。学年にもよりますが、「学習支援の時間」は四〇分程度。「そんなに集中力が持ちませんから」と龍也さん。「宿題の時間」でも、中西さん夫婦がすべて手取り足取り、最後まで全部を教えて宿題をすませてしまうということはありません。子どもたちは自分自身で考える力、問題に取り組む力を、楽しい雰囲気の中で身につけていっているようです。

二〇二三年(令和五年)の夏休みは短期利用者が多かったと言います。

「夏休みの宿題ですね。読書感想文なんて、何件かかわったかしら」

といづみさんが笑いながら振り返ります。ある子どもが入所して、丁寧な指導を受けていることを知ったほかのスポーツクラブの世帯から利用の相談が寄せられたことも。

「中学生になっても、うちのクラブに来て勉強する子もいますよ。よほど居心地がいいんだろうって」

一般的に放課後児童クラブでは、「宿題の時間」は設定していてもそれ以上の学習支援はあくまで補助的な位置付けです。「遊び及び生活の場」として法令に明記されている以上、放課後児童クラブの主な事業は遊びと集団生活ですから、国も学習塾のようなプログラムを行う施設を補助金の対象としてはいません。

一方で、かねてから多くの学童保育所には保護者からの「勉強をもっとみてほしい」という要望が寄せられていました。学童保育所で宿題を全部終わらせるのは当然のこととしてプラスアルファでわからないところを教えてもらえないか、という要望です。

写真３　登所後すぐに宿題に取り組むあさまる児童くらぶの子どもたち

勉強を嫌がる子どもはいない

あさまる児童くらぶは小学校から徒歩五分ほど。通常、いづみさんが子どもを迎えにいきます。道路は空いていて、交通事故の心配も少ないのどかな街中を通って子どもたちは登所してきます。声をあげたり走り回ったり元気いっぱいです。

「おかえり！」と出迎える龍也さん。子どもたちは室内に入ると、その日の気分で好きな場所に座ります。そしてランドセルから教科書とノートを取り出し、さっそく宿題に取り組みます。宿題に渋々取り組んでいるような様子はありません。

「タツ〜、わからないよう！」

「じょうかまち、ってどういう字だっけ？」

と、子どもたちから相次いで声があがります。その都度、龍也さんもいづみさんも丁寧にヒントを出して、子どもたちが自分の力で問題を解けるように導いていきます。

「勉強を嫌がってしない子はいませんか？」

と私が聞くと、

「いないですね。ここに来ると宿題をする、学習をするということがわかっているようです」

とのこと。あさまる児童くらぶではまず宿題や学習を限られた時間内に行って、その後は好きなように遊んで過ごせることを子どもたちが理解している──ということでしょう。

とはいえ、子どもはやはり子どもです。龍也さんへのインタビュー中、急に立ち上がって走り出して外に出ていく子どもがいました。同級生が乗った車が施設前の道を通りかかったので声をかけに行ったようです。友だちとひとしきりやり取りをした後、その子はまた戻ってきて机に向かっていました。

「ああ〜書き取りが終わらない〜。あと六行もあるよ」

と嘆く四年生の女子がいました。その隣で黙々と宿題に取り組んでいた六年生の女子が、

「終わるよ。やれば終わるから」

と静かに励ます光景も。龍也さんも、

「あともう少しだね。すごいね。大丈夫だよ」

と笑顔で子どもたちに声をかけ続けます。一方、宿題を終えた男子たちは、おやつの時間まで施設わきの広場で野球ごっこに興じます。

学習支援を打ち出していても、決して勉強漬けではない——あさまる児童くらぶは、子どもが安心して過ごせて、どんなことも相談できる大人がいる場所のようです。あさまる児童くらぶの子どもたちを見ていると、「学童保育所でもっと学習を見てほしい」というのは保護者だけの要望ではなく、子どもたち自身の要望でもあるかのように私には思えました。

3　さらなる認知が課題

あさまる児童くらぶの課題

あさまる児童くらぶは、中西さん夫妻が追い求める理想の子どもの居場所として地域に着実に根を下ろしつつあります。しかし課題はたくさんあると言います。

「私たちはまだ、何も成し遂げていないと思っています」

と言う龍也さんの話を聞いて、私は、「困っている子どもたちはもっと大勢いるはず。龍也さんはその子たちの居場所として、まだまだ役割を果たし切れていないと思っているに違いない」と思いました。

現在、あさまる児童くらぶを通期で利用しているのは四世帯。朝は午前七時三〇分から、夜は午後八時までと、都会の民間学童保育所に等しい受け入れ態勢です。夏休みなど月単位や日単位での利用も可能で、日曜や祝日の受け入れにも対応しています。こうした手厚いサービスを実施していることで徐々に利用者は増えていますが、

「ようやく経費とトントンになったぐらい。正直、貯金を切り崩しながらやっています」

と龍也さんは打ち明けます。

片や、同じ町内にある公営の放課後児童クラブは、小学校の余裕教室を活用して一〇〇人近い子どもを受け入れています。児童数が多く、職員が子ども一人ひとりとかかわりを持つことがなかなか難しい状況にあるようです。

おやつ代込みで一日九八〇円

あさまる児童くらぶは、子どもがのびのびと過ごせるので、子どもの居場所としては最適なのに、公営の放課後児童クラブを選択する世帯が圧倒的に多いのはなぜでしょうか。理由は利用料金にあります。公営の放課後児童クラブは年額で二〇〇〇円です。あさまる児童くらぶは利用者を増やすためにもギリギリの低料金で運営していますが、それでも平日は一日九八〇円(おやつ代込み)。土曜日と長期休業日は一四八〇円(同)です。公営との料金の差は歴然としています。

龍也さんは言います。

「子どもの支援というか、質の高い福祉サービスを提供するには、当然、費用がかかります。ですが、

月額にして一六〇円ちょっとで子どもを受け入れる施設が現実にあるわけです。多くの人に、子どもの福祉サービスは費用がかからなくてもいい、と思われてしまうのが怖い。教育の世界も似たようなものですが。教員時代、いくら残業しても残業代はありませんでしたからね。福祉も教育も果たしてこれでいいのだろうかという疑問があります」

とはいえ、中西さん夫婦が追い求める理想の子どもの居場所づくりは、始まったばかり。

「実際、うちに来てくれた人から徐々に利用者が広がっています。地道に丁寧に続けていけば、もっと知っていただけると思っています」

と、挑戦を続ける気持ちに迷いはありません。

全国には、あさまる児童くらぶのように、子どもの居場所づくりに取り組んでいるものの、補助金対象にならない運営事業者がいくつもあります。私は、基準条例をクリアして、放課後児童クラブ運営指針をよりどころに運営をしている放課後児童クラブで届け出がなされたものは、すべて国の補助金対象とすることが望ましいと考えています。それが、多種多様な子どもの居場所づくりにつながるからです。市区町村が補助金交付にもっと積極的になるような国の指導も必要です。あさまる児童くらぶも、補助金が得られれば保護者の利用料は半額近くまで下げることができるでしょう。

4　民設にこだわる北海道札幌市の小さなクラブ

二四八の放課後児童クラブがある札幌市

北の大都市・札幌。人口約一九六万人を抱える政令指定都市です。札幌市は二四八の放課後児童クラブがあり、約二万五〇〇〇人の児童がクラブを利用しています。

クラブは公設・民設合わせて三種類あって、最も多いのが公設のクラブです。公設のクラブは児童会館(一一〇施設)またはミニ児童会館(八九施設)にあり、小学校内に設置されていることもあります。児童会館・ミニ児童会館は午後六時までの利用は無料。いわゆる「全児童対策」に相当します。延長した午後七時までの有料時間帯を利用する場合でも月額二〇〇〇円と、保護者の経済的負担はかなり軽減されていると言えます。これらの公設クラブは「公益財団法人さっぽろ青少年女性活動協会」が運営しています。これは民間の非営利法人なので「公設民営クラブ」と分類されますが、市が管理する公益財団法人という性格上、事実上は「公設公営クラブ」に等しいものと言えるでしょう。

札幌市の特徴は、そんな公設のクラブが充実している一方で、民設のクラブも二種類あることです。国の補助金が交付されている民間の「児童育成会」(いわゆる民設民営の放課後児童クラブ)が四三カ所、児童福祉法による届け出を市に行っている民間学童保育所が六カ所あります。

これらの手厚い子どもの居場所整備が功を奏しているようで、札幌では待機児童はずっと出ていません。しかし札幌市の学童保育所にも全国に共通する問題があります。公設クラブの「大規模問題」が深刻であることや、低賃金による職員の慢性的な人手不足などです。

札幌市北区の「イルカ児童育成会」

多くの札幌の市民が費用面でリーズナブルな公設クラブを選択する中で、民設クラブの存在意義はどこにあるのでしょう。ここで紹介するのは、札幌市北区新川《しんかわ》地区にある「イルカ児童育成会」(以下「イルカ育成会」)です。一九八二年(昭和五七年)設立の歴史あるクラブで、保護者による共同保育を掲げています。保護者と地域の民生委員、小学校校長らによる運営委員会形式で、鉄骨鉄筋造のビルの二階に入居しており、ビルの総面積九三・七平方メートルのうち放課後児童クラブの専用区画は五六・九平方メートル。二〇二三年(令和五年)には二二人の子ども(一年生三人、二年生五人、三年生一人、四年生三人、五年生四人、六年生五人)が入所していました。

公設クラブは午後七時までの利用でも月額二〇〇〇円という料金設定の中、イルカ育成会の月額利用料は一年生から三年生で一万五〇〇〇円、四年生から六年生が九五〇〇円です。兄弟姉妹が入所する場合は二人目が二八五〇円となります。入所時には別途、入会金八〇〇〇円が必要で、冬季(一〇月から三月)は月五〇〇円の暖房費を集めているとのことです。職員体制は、放課後児童支援員は常勤(正規)と非常勤が二名ずつ、補助員は常勤一名、非常勤が五名。かなり手厚い配置と言えます。また、事務担当の補助員が三名勤務しています。

二〇二四年(令和六年)二月二日、イルカ育成会に子どもを入所させつつ、自身も事務担当の非常勤職員として勤務している佐藤直美さんに話を聞きました。

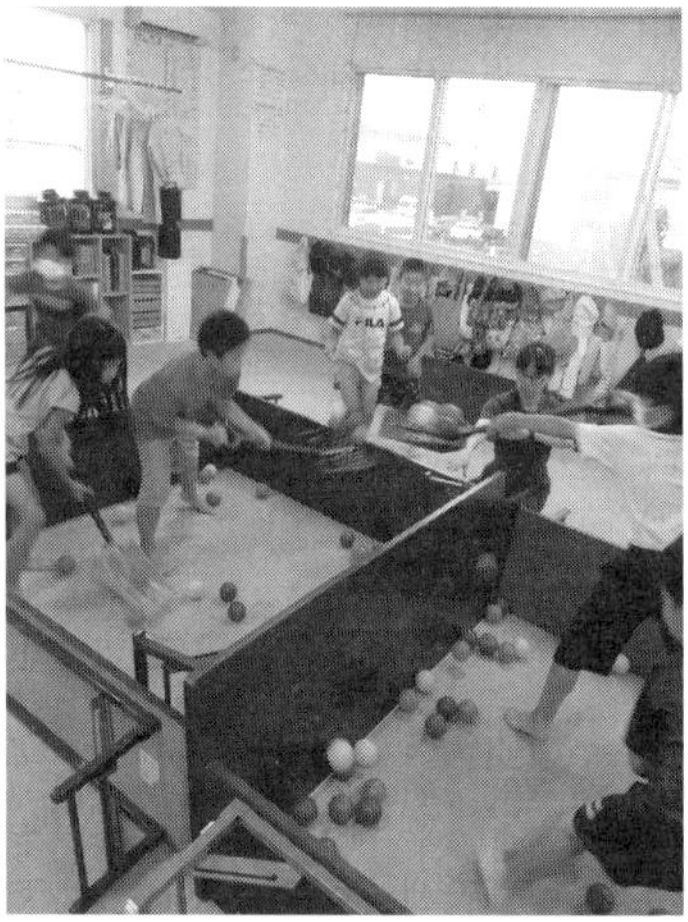

写真４　イルカ児童育成会の遊びの様子

イルカ児童育成会の日常

——もうすぐ子どもたちがクラブに来ますね。先生たちは何をしていますか？

「子どもたちが来る前、先生たちは、今日は何をしようかと相談していたり、保護者さんからの出席や欠席の連絡を確認したり、事務作業をしたりしています。今日は節分の準備で、みんなでピーナッツに絵を描いているんですよ。北海道では節分のとき、ピーナッツをまきます。そこに絵を描くのはけっこう過酷な仕事です。子どもが来るまでの勝負ですからね。中に一つだけ〝当たり〟のピーナッツがあって、ピーナッツをまいたあと、それをみんなで拾うんですが、ひとりだけ当たりを拾う子がいるんですね。その子が今年の〝福こども〟になります。毎年の行事ですから、子どもたちも期待していますし、こちらも工夫しながらやっています」

——先生たちの出勤時間は？

「午後一時からと、二時からです。平均して四人の職員が出勤している感じですね。行事があるともう少し増えます。午後五時で職員が減って、閉所の午後七時までは二、三人の職員で見ています」

——二〇人規模のクラブにしては、職員配置が充実していますね。

「人数的には満たされていると思います。大体は子どもたちに目が行き届いているので、ひとりぼっちで、大人にかかわれない子どもはいないと思います。むしろ、子どもたちはあちこちで先生にぶらさがって遊んでいますよ」(写真4)

――小規模だけに、人件費など予算のやりくりが大変だと思いますが?

「令和五年度に関しては予算の見込み通りです。ただ、職員に支払う給料として充足している金額かと言えばそうではありません。学童はほかの営業努力で収入を増やすということができず補助金頼みなので、どこまで先生に(給料として)戻せるか、年度末はいつもしのぎあいです。補助金の常勤職員への加算額が大事です。先生にとっても居心地のよい場所にすることが大事ですから」

――子どもたちの過ごし方は?

「宿題をする時間はありますが、先生とゲームをしたり、冬でも近くの公園に行ってそり遊びをしたりしていますね。寒くても外に出ます(写真5)。新川サイロ公園といって、前はすべり台があったところです。外遊びから戻ってきてから、おやつですね」

写真5　イルカ児童育成会の外遊び(新川サイロ公園)

――おやつは、手作りが多いと聞いていますが?

「はい。たまたま今日は恵方巻です。買ってきたおやつでも、ほぼ、何かしら先生たちの手が入っています。準備は大変ですけれど、今の施設長の先生は調理関係に強いので。ここの子どもたちは

2024年　2月　イルカスケジュール・おやつメニュー

日	月	火	水	木	金	土
				1 フルーツサンド	2 豆まき 恵方巻き	3
4	5 保育料引き落とし アメリカンドック	6 わかめおむすび	7 ホットケーキ	8 味噌おでん	9 みかんアイス	10
11 建国記念日	12 振替休日	13 にゅう麺	14 バレンタインデー チョコレートパフェ	15 保育料引き落とし（再 エビフライサンド	16 一日入学 ゼリー	17
18	19 唐揚げおむすび	20 参観・懇談1・2年 ちくわパン	21 ゼリー	22 フランクフルト	23 天皇誕生日	24 イルカ閉所
25	26 誕生会 ミルフィーユサンド	27 参観・懇談3・4年 ぽぷら フルーツ白玉	28 参観・懇談5・6年 おやつガチャ	29 焼きそば		

写真6　イルカ児童育成会のおやつのスケジュールとメニュー

みんな、学童の先生のおやつの味で育っています（写真6）。自宅で食べられないものをイルカで食べていると言うか。保護者もあてにします。学童で食べておいでって。私もそういう保護者のひとりですし。学童の手作りおやつは、保護者にとっては（クラブに期待するものの）順位が高いのでしょう」

――今の学童は弁当の問題、昼食の提供が話題になっていますが、イルカさんでは昼食にどう対応していますか？

「行事食として昼食を出すことがありますが、日常の食事提供はこれからの課題です。お弁当の問題で考えなければならないこととして食中毒のリスクがあります。以前、子どもが持ってきた弁当を保管するクーラーボックスを購入しましたが、それでも入りきらないことがあります。衛生環境をもうちょっと整えないといけないと考えています」

保護者の無給の働きをやめる

――佐藤さん自身もお子さんをクラブに通わせていますよね。どうしてイルカで仕事をするようになったのですか？

「以前は、保護者が年度替わりで事務局担当として、先生の給料計算や行政に提出する補助金の書類を無給で作成していました。それが、市からそのような作業に対する人件費の補助金が出るようになったので、だったら事務方として働く人のポジションを作ろうと思って自分がそこに就いたことがきっかけです。今、うちは小学六年生と五年生の子ども二人がクラブを利用していますが、私がここで働き始めたのは、上の子が小学四年生のときでした。

ボランティアの保護者の立場では、毎年、事務処理の仕事を引き継ぐことの不安はとても大きかった。その不安がなくなったことは大きいですね。ボランティアで給料や補助金といった大きな額のお金を取り扱うよりも、手当をもらってその仕事に選任で取り組むほうが責任感の面ではよいと思います」

――ではお子さんがクラブを出てからも続けますか？

「どのように子どもたちの育成に携わっていけるのか、考えています。今の仕事は徐々にフェードアウトして後任に担ってもらって、別の形で子どもたちの育成にかかわっていければと思います」

――今の運営上の課題は何がありますか？

「保護者の運営する学童は、不文律と言うか伝統と言うか、そういうもので物事が動いていると思います。それを、誰が担ってても見てわかるように、運営に関するいろいろなルールを可視化する必要がありますね。また、新しい世代の保護者にイルカを選んでもらうために、そして先生方がこの先のりよい育成のあり方を目指せるような意識付けを保護者さんにできるようなお手伝いをしたい。二〇代・三〇代の若い保護者のニーズをどうつかんでいくか。そのために面白いことや興味を持てるようなことをやっていくことが大事だと思っています」

——来年度の新一年生は何人ぐらい入所しそうですか？

「六、七人かな。多いほうです。きょうだいの下の子が多いんですが、新規の方もいます。イルカを選んでくれたのは、行事の数の多さが理由でしょうか。大人との距離の近さを魅力に感じてイルカを選んでくれたのならいいなと思っています」

——クラブが充実するために、行政には何が必要だと思いますか？

「もう一息、人件費に充てられる補助金を増やすことですね。もっとテコ入れしてくれればいいかな」

インタビューの終わり頃には、登所してきた子どもたちが入れ替わり立ち替わりこちらの様子を見にやってきて興味津々。にぎやかな声がクラブを満たし、子どもたちにとって居心地の良い場所であることが一目瞭然でした。

子どもたちの過ごし方を答えられるように

佐藤さんによると、クラブ全体の姿勢として、子どもたちがクラブで何をして過ごしたかを、職員が毎日答えられるような時間の過ごし方にこだわっているそうで、

「子どもたちのサードスペースとして、家庭や学校では見せないそれぞれの〝自分らしさ〟を尊重する

よう心がけています」

とのこと。これは簡単なことのように聞こえますが、現実的にはそれがどれほどハードルが高いか、クラブの現場で働いている職員には身に染みてわかるはずです。入所児童数が七〇人を超える大規模クラブはもちろん、四〇人台の適正規模とされるクラブですら、職員は子どもたちがその日、クラブで何をして過ごしていたかをあまねく知ることは、職員の仕事の多さからして現実的にはとても無理です。いきおい、多くの施設では職員側の都合で、決められたスケジュールで子どもたちを〝動かす〟育成支援に傾きがちになります。子どもの人数が二〇人程度で、職員も常勤・非常勤合わせて常に五名程度はいる小さなクラブだからこそ、一人ひとりの子どもたちに寄り添った支援・援助の時間が確保できます。これは小規模クラブならではの絶対的な利点です。

「胆振《いぶり》東部地震や新型コロナでの登校自粛などの非常時でも、保護者の職務上、保育が必要と判断したときはクラブを開所して児童を受け入れていました」

と佐藤さん。保護者の就労を支えるのは放課後児童クラブの基本的な使命ですが、これもなかなか難しいことです。

小規模クラブならではの問題

小規模クラブならではの問題もあります。

「一年ごとに変わる児童数で、運営資金に充てる収入が変動することです。安定した職員の雇用や処遇改善の観点からすると不安材料でしかありません」

これは、児童数の多寡によって補助金が決められているため（表7）、イルカ育成会のように児童数が二〇人を若干上回る程度の場合は補助金がかなり少なくなってしまうということです。二〇二三年（令和五年）度の場合、イルカ育成会は児童数二二人で前年度より減ったため、二〇二四年度は補助金額は四三七万円となり、前年より約三六万円も減ってしまいます。利用者から集める利用料はきょうだい減免がないとして三一六万八〇〇〇円で、公的な補助金と合わせても七五三万八〇〇〇円にしかなりません。そこに、常勤職員三人・非常勤職員七人の賃金を支払い、さらに水道光熱費・家賃などを支払うのですから、いかに厳しい経営かが容易に想像できます。なお、佐藤さんのように事務を担う職員には、国の「放課後児童クラブ育成支援体制強化事業」の補助金が札幌市から支給されています。この補助金を活用する市区町村が圧倒的に少ない中で、札幌市は評価できます。イルカ育成会は職員に対しても「放課後児童支援員等処遇改善等事業」や「放課後児童支援員キャリアアップ処遇改善事業」という賃金水準改善に役立つ各種補助金の適用を札幌市から受けているとのこと。公設による全児童対策と民営クラブの併存状態にある中で、札幌市が曲がりなりにも民営クラブに財政支援を行っている点はかなり評価できます。もちろん現場の実感で運営に不安がある以上、もっと手厚い支援は必要ですが。

組織運営上の不安

組織運営の点でも不安があります。インタビューで佐藤さんが述べていたように、保護者のボランティアと経験則に頼った運営から脱するために、可視化されたルールに基づいた運営を目指さなくてはなりません。

「職員の資質向上のため、法令やリスクマネジメントに重点を置いた勉強会とマニュアル作成に取り組みたい」と佐藤さんは考えているとのことですが、小規模の単独クラブにはなかなか難しいものです。運営するクラブが複数あるような、それなりに大きな運営事業者であれば、外部の専門家を招いて規程類の整備や各種研修の実施もできますが、小さな単一クラブでは財政的にも困難なのです。

それでも、子どもの命と安全を守ることは規模の大小に関係なく学童保育の使命です。二〇二三年(令和五年)夏の滋賀県で起きたプール遊びでの死亡事故の直後、佐藤さんは自分の本業を休んでクラブのプール遊びに参加し、見守り役を引き受けたと言います。子どもの安全を守るための人手もまた不足気味なのが小規模クラブです。

場合によっては公設クラブの七倍以上になる利用料ですが、それでもイルカ育成会を必要としている子育て世帯が確実に存在しています。ここに、小さくても欠かせない民営クラブの存在意義があるのです。

第8章　こどもまんなか社会における役割
――学童保育の進化

学童保育のありのままの世界を紹介してきました。最後の章では、これからの学童保育に期待し、望みたいことを私なりの視点で整理してみたいと思います。

1　「こどもまんなか社会」は始まったけれど

子どもをめぐる地殻変動――こども家庭庁の発足

二〇二三年（令和五年）は子どもをめぐり、社会に大きな〝地殻変動〟があった年として記憶されることでしょう。「こども家庭庁」が四月一日に発足して、「こどもまんなか社会」をめざす国の取り組みが始まったのです。「放課後児童クラブ」も所管が厚労省からこども家庭庁に移りました。

「こどもまんなか社会」という表記で目立つのは「こども」の部分です。このことを日本大学教授で「こども家庭庁こども家庭審議会部会委員」の末冨芳《すえとみかおり》さんが「三つの理由」を挙げてインターネット上で解説しています。

その記事で私も合点がいったのは、「児童」ではなく「こども」と表記することで年齢を区切らずに支援していく姿勢を見せたという点です。国は児童政策において「一八歳の年度末まで」を「児童」として児童政策の対象としていますが（保育士もその職務の対象は一八歳まで）、こども家庭庁は年齢を区切らずに対応していくとしています。そこに子どもに関する政策を変えていくとの国の強い意気込みを私は感じました。

発足初年度は「こども基本法」に基づき、政府全体のこども政策の基本的な方針を定める「こども大綱」が策定され、二〇二三年（令和五年）一二月二二日に閣議決定されました。こども大綱は「こどもや若者、子育て当事者はもちろん、全ての人にとって、社会的価値が創造され、その幸福が高まることに」社会が到達することを求めています。こどもまんなか社会の礎になる大事な方針です。また、同日、「こどもの居場所づくりに関する指針」も閣議決定されました。

児童福祉施策の重要なキーワード

「こどもまんなか社会」はこれからの児童福祉施策の重要なキーワードになっていくでしょう。こども家庭庁のホームページには「こどもまんなか社会の実現のため」に次の四点が掲げられています。

・こどもの視点に立った司令塔機能の発揮、こども基本法の着実な施行
・こどもが健やかで安全・安心に成長できる環境の提供

・結婚・妊娠・出産・子育てに夢や希望を感じられる社会の実現、少子化の克服
・成育環境にかかわらず誰一人取り残すことなく健やかな成長を保障

いずれも子どもに関する施策に欠かせない重要なことであると同時に、学童保育所にとっても欠かせない観点だと思います。学童保育所はまさに「安全・安心に成長できる環境の提供」そのものですし、「成育環境にかかわらず誰一人取り残すことなく健やかな成長を保障」する役割を担っていますから。

二〇二三年にはもう一つ、象徴的な言葉がありました。「異次元の少子化対策」(のちに「次元の異なる少子化対策」に変更)です。岸田文雄首相は一月四日の年頭記者会見で、「異次元の少子化対策に挑戦する」と述べ、「学童保育」という言葉も用いて少子化対策に取り組む姿勢を打ち出しました。官邸のホームページにその内容が次のように紹介されています。

「少子化の問題はこれ以上放置できない、待ったなしの課題です。経済の面から見ても、少子化で縮小する日本には投資できない、そうした声を払拭しなければなりません。こどもファーストの経済社会をつくり上げ、出生率を反転させなければなりません」

つまり、政府が掲げている少子化対策は、基本的には経済面への影響を食い止めることが目的だということです。

2　こどもまんなか社会の中の放課後児童クラブ

少子化対策の一環としてこれまで以上に重視されてきた学童保育ですが、その中核的存在である放課後児童クラブに対してこども家庭庁は、「子どもの居場所機能」の強化を重点的に考えているようです。一方、児童福祉法や放課後児童クラブ運営指針に盛り込まれている「育成支援」を強化しようとする姿勢はそれほど感じられません。その理由は、こども家庭庁における放課後児童クラブの扱いにあるのではないかと私は思います。

放課後児童クラブはこども家庭庁の「成育局成育環境課」が担当です。「成育局」には、保育所が含まれる「就学前の全てのこどもの育ちの保障」と、放課後児童クラブが含まれる「相談対応や情報提供の充実、全てのこどもの居場所づくり」などの四分野の担当部署があります。

放課後児童クラブは「放課後児童健全育成事業」であることを思い出してください。子どもの健やかな育ちを支える育成支援事業を行う場が放課後児童クラブでした。

ところが、こども家庭庁では、「こどもの育ちの保障」の分野に保育園や認定こども園は含めましたが、放課後児童クラブは外しました。それは放課後児童クラブが担う育成支援の役割がさほど重視されていないからだと私には思えるのです。資格配置を参酌化したことから考えても、国は放課後児童クラブ運営指針こそ作ったものの、育成支援の分野を強化しようと考えていない気がします。「新・放課後子ども総合プラン」（二〇二三年度末までが対象期間）にしても、子どもの居場所を早急に整備することが最大の目的で、放課後児童クラブの整備よりも放課後子供教室と放課後児童クラブの一体型の整備を促す内容でした。

放課後児童クラブと保育所の扱いの差がこれほど大きいことには、法律上の位置づけの違いが影響していると私は考えます。児童福祉法において保育所は市町村の保育義務を果たす児童福祉施設と定められていますが、子ども・子育て支援法において放課後児童クラブは市町村が地域の実情に応じて実施できる任意事業という位置づけです。この差が最大の問題であり、最大の弱点とも言えます。

「日本版DBS」の限界

もし放課後児童クラブが法的に保育所と同じ位置づけになったとしたら、何がどのように変わるのでしょうか。一つは、子どもに対する性犯罪歴がある者の雇用を避ける仕組み「日本版DBS」適用が義務になることが挙げられます。

二〇二三年（令和五年）秋、日本版DBSの問題が相次いで報道されました。改めて説明すると、DBSとは、イギリスで行われている「ディスクロージャー・アンド・バーリング・サービス」（前歴開示・前歴者就業制限機構）の略称で、子どもにかかわる職業に就く者に、性犯罪歴がないことの証明を求めることができる仕組みです。

二〇二三年（令和五年）秋にこども家庭庁が取りまとめた日本版DBS関連法案（こども性暴力防止法案）の原案では、放課後児童クラブを含む学童保育所は確認制度の義務化対象外となっていました。そのことも含めた義務化の範囲をめぐってさまざまな意見が出たことから、原案は政府内で見直されることになり、放課後児童クラブは「認定事業者」との扱いになって二〇二四年（令和六年）六月に国会で成立し、二年以内に実施されます。

放課後児童クラブは一四〇万人以上の子どもが利用する重要な社会インフラであるにもかかわらず、

原案の段階で、義務ではなく任意利用とされたことは極めて残念で、ＳＮＳでも批判的な意見が相次ぎました。政府の見直しによって、二〇二三年には、

「学校や保育所、幼稚園などは、教員や保育士に性犯罪の前科が一定の期間内にあるかどうか国に問い合わせ、発行される書面を確認し、前科がある場合は子どもと接しない業務に異動させるなど、被害の防止措置を講じるよう義務付けるとしています。放課後児童クラブや学習塾など民間事業者に対しては、被害を防ぐ体制が確保できていると国が認めれば、学校などと同様に性犯罪の前科の確認が義務付けられる一方、国から認定された事業者であることを広告などに表示できるようにするとしています」（ＮＨＫニュース、二〇二三年一二月二八日）

つまり放課後児童クラブは認定事業者として取り扱われることになったのです。

しかし原案ではなぜ任意利用とされたのでしょうか。報道によると、犯罪歴という重大な個人情報を管理する仕組みが学童保育所に整っていないことと、「保育所と異なり、法令上の届出事業であり、公的な資格者が必ず配置されているとはいえない」という理由からでした。学童保育の制度上の限界が影響していたのです。

認定事業者として制度が実施できるようになったとはいえ、「義務化への道」が開かれたにすぎません。

補助金負担割合の見直しを

学童保育の中心である放課後児童クラブに関して、早急に解決が必要な点がさらにあります。放課

後児童クラブの運営経費は補助金と利用者負担で五割ずつを負担し、その補助金は国と都道府県と市区町村が三分の一ずつ負担することになっていますが、この負担割合を早急に見直すべきです。保護者はもとより、市区町村の負担も大きすぎるからです。

まず放課後児童クラブの無償化は無理としても、少なくとも現行の保護者の負担額を下げ、一定の額に納めるべきです。この点、「全児童対策」は、その支援・援助の質においては問題が多すぎますが、保護者の利用料はおおむね月額数千円単位で望ましいあり方になっていると言えます。

また、市区町村の多くは財政状況が厳しく、待機児童解消のための施設整備や古い施設の更新、職員の賃上げや人数増に必要な予算を確保することが難しくなっています。

例えば、負担割合を次のように変えてみるのはどうでしょう。全体を一として考えて、現在の「保護者二分の一、国と都道府県と市区町村は各六分の一」から、「保護者と都道府県と市区町村は一二分の一、国一二分の九」とすれば、保護者や市区町村の負担はかなり軽減できます。こうなると市区町村も、お金がないという理由で放課後児童クラブの整備に消極的な姿勢でいることは許されなくなります。

3　放課後児童クラブの資格強化

「児童育成支援士」という新資格を

健全育成の質的向上のためには、放課後児童クラブにおける基幹職員を対象とした新たな国家資格を創設すべきです。取得の難易度を上げるために試験制度も導入します。新資格は業務独占とし、放課後児童クラブにおける業務を行い、指導し、施設を代表して行う立場の者に必須の資格とします。名称は「児童育成支援士」がふさわしいと私は思っています。

また、現行の放課後児童支援員資格も存続させ、児童育成支援士を支える位置づけとします。こちらも国家資格として試験制度を採り入れることが望ましいですが、児童育成支援士との差別化のため現行の研修受講による資格付与でも当面はやむを得ないでしょう。クラブの規模によっては、小規模のクラブを統括する基幹的なクラブに児童育成支援士を置き、個々の小規模クラブには放課後児童支援員が現場での育成支援業務を行うということも考えられます。放課後児童クラブではない学童保育、すなわち放課後子供教室にも、この両資格のどちらかを備えた者を最低一人は従事させるべきです。放課後児童クラブの補助金交付条件として、この両資格のうち、必ずどちらかが配置されていることとし、児童育成支援士配置のクラブのほうがより多額の補助金が交付されることが望ましいと思います。

資格を取得した後のフォローアップも必要です。特に、試験制度がない放課後児童支援員については、数年ごとに研修の再受講義務を課して、育成支援の技術へ常にアップデートする仕組みを備えるべきです。現状において、学童職員が子どもに暴力を振るったり暴言を吐いたりという残念な行為が毎年のように発覚しています。資格の取得と維持の難度を上げれば、そのような恥ずべき行為は減少することが期待できます。

また、保育士のように、大学や短大などで資格の専門性を学べるようにし、卒業者にも児童育成支援士や放課後児童支援員の資格を取得できるようにするのがよいでしょう。指定養成制度が実現すれば、認定資格研修における免除制度にかかわる問題も解消できます。児童育成支援士は、大学・短大などで現場実習を含めて必要な単位を履修して卒業した者に付与するか、資格試験を課します。放課後児童支援員は保育士と同じく、専門学校を含む指定養成機関で必要な単位を履修して卒業した者に付与するべきでしょう。

近年、保育系の大学や短大は入学者数の減少に悩んでいると聞きますが、全国に三万七〇〇〇の支援の単位がある放課後児童クラブに社会的な評価を得た有資格者が必ず配置されることになり、その資格が大学・短大で取れるとなれば、入学希望者はそれなりに増えるはずです。

4 学童保育の貧困を防ぐための仕組み

営利企業運営学童の三パターン

この十数年間で、公設公営のクラブが指定管理者制度のもと相次いで公設民営化されています。二〇二三年(令和五年)度には例えば福島県郡山市の五〇クラブ八五教室(支援の単位と同じ)が次年度から株式会社によって運営されることになりました。香川県高松市においては、実に一〇五もの支援の単位が株式会社に一括委託されることになりました。営利の広域展開事業者が指定管理者となること自体に問題はありません。しかし一般的に見て、営利の広域展開事業者が職員の賃金を抑制しがちであることは見逃せません。

放課後児童クラブの運営が指定管理者制度等によって営利の広域展開事業者にゆだねられるパターンは、大きく分けて三つあります。一つ目は先の郡山市や高松市のように「公営クラブが民営化される」パターン。二つ目が「指定期間が過ぎたことによる再指定で、別の営利の広域展開事業に替わる」パターン。三つ目は私が今後増えていくと予想する「地域に根差し、特に問題なく運営をしていた非営利法人が、公募によって営利の広域展開事業者と競うことを余儀なくされ、営利の広域展開事業者が選ばれる」パターンです。

公営クラブは、その運営の質が高くない場合、民営化されることで保護者に対するサービスが向上する場合があります。ただし三つ目のパターンである、地域に根差した非営利法人から企業運営に変わる場合は、育成支援の内容や職員の雇用の安定に重大な影響を及ぼし、サービスの低下を招くことも多いです。

指定管理者公募の審査基準

指定管理者制度の目的の一つはコスト削減ですから、運営事業者の基盤がしっかりしていれば競争で有利になります。指定管理者を選定するのは選定委員会ですが、その委員会が使用する審査基準は市区町村が考えます。つまり審査基準には市区町村の意向が大きく反映されるため、育成支援の質や実績ではなく、「いかに安上がりに運営できるか」「何か問題があったときのバックアップは大丈夫か」という方向に偏りがちです。

地域に根差した非営利法人は事業規模が劣るため、これでは最初から大きなハンディキャップを負わされているようなものです。財務体質にしても、営利企業であるため利益を確実に上げている広域展開事業者と、剰余金は特別に認められている場合でしか計上できない非営利法人とでは、財務体質でも資金力でも比べものになりません。

例えば郡山市の場合、指定管理者の選定における審査の項目は七つで合計六〇〇点です。うち、広域展開企業に有利と考えられる「管理を安定して行う人的、物的能力その他の経営上の基盤」と「施設の効用の最大限の発揮」に一八〇点が割り振られています。「雇用及び地域経済への配慮」には九〇点が割り振られたに過ぎません。

公設民営の弊害をなくすには

指定管理者制度のこうしたリスクを踏まえた上で、それでも市区町村がやむを得ず、営利企業に委託することはあるでしょう。その場合に備え、やるべきことが三つあります。一つは、「賃金条項付きの公契約条例」の制定です。この条例は、地方自治体が公の事業を民間に任せる際に、下回ってはならない賃金基準を条例で定めるもので、いくつかの地域で制定されています。

二つ目は、職員を無期雇用して育成支援を重視する運営事業者が、積極的に指定管理者制度等の公募に挑むことです。その多くは非営利法人で、クラブを利用している保護者や以前に利用していた保護者が運営責任者となっていることが多く、地域を超えた事業展開はほとんどしていません。そうした運営事業者が、一つの地域に根付いた運営を行うという発想を転換し、事業規模を拡大して、他地域でも積極的に学童保育の運営に乗り出すのです。事業規模が拡大すれば、こうした運営事業者の弱点である財務体質や人員の弱さもカバーできます。

広域展開事業者運営クラブの現実を知らしめる

三つ目は、営利の広域展開事業者が運営をしているクラブの現実を、広く社会に知ってもらう取り組みを進めることです。指定管理者等の選定では、提出された資料と、その資料を基にしたプレゼンテーションやヒアリングの内容が考慮されます。選定委員が目にした公式な資料だけが判断材料です。

学童保育の世界では、およそどの事業者も人手不足に悩んでおり、常に求人を出しています。指定管理者の選考において、とりわけ営利の広域展開事業者は人員の融通が利くことを長所としてアピールしますが、実際は人の入れ替わりが激しく、経験が乏しい職員が管理職を務めていることも珍しくありません。日替わりでほかの地域からやってきた職員が勤務シフトに入ることも日常茶飯事です。しかし、そのような実態はなかなか外の世界には伝わっていません。

それらの実態が広く知られなければ、公募に参加した企業はカタログ通りの模範的なアピールを繰り返すだけです。メディア報道によって実態が広く知られるようになれば、ヒアリングの場面で選定委員から「報道で知った実態とこの資料は相違があるようだがどうなっているのか」と企業に確認することができます。

学童保育の業界団体は積極的に、株式会社運営のクラブでいったい何が起こっているのかを掘り起こしていく必要があります。自分たちの主義主張に沿ったクラブや事業者だけを相手に説法を重ねているだけでは、何も変化は起こせません。

5　児童虐待防止

児童虐待の早期発見と解決

学童保育は、子どもの居場所と育成支援以外にも重要な役割を担ってきました。それは児童虐待を防ぐ機能です。省令基準にも、運営規定に虐待防止の措置に関する事項を盛り込むことが記されています。放課後児童クラブ運営指針にも、次のように示されています。

「放課後児童支援員等は、児童虐待の防止等に関する法律(平成一二年法律第八二号)に基づき児童虐待の早期発見の努力義務が課されていることを踏まえ、子どもの状態や家庭の状況の把握により、保護者に不適切な養育等が疑われる場合には、市町村(特別区を含む。以下同じ。)や関係機関と連携し、法第二五条の二第一項に規定する要保護児童対策地域協議会で協議するなど、適切に対応することが求められる」(第三章三の(一)。法とは児童福祉法のこと)

放課後児童クラブに限らず、子どもに関する仕事に就く者は児童虐待の兆候を見つけたら直ちにその防止のために行動することになっています。学童保育所で働いたことがある人は、児童虐待が疑われる事案に多少なりともかかわったことがあるでしょう。私も幾度となくこの問題に直面しました。

残念ながら現代の小学校は、以前ほど子どもの家庭の状況に深くかかわりません。かつてのテレビドラマのような熱血教師がいる世界はフィクションです。そもそも正規の教職員が少ないですし、クラブ業務などで疲弊しきった教員にそこまで求めることもできません。しかし学童保育所は違います。

家庭の子育て支援が業務の一つであり、そこには児童虐待の早期発見と解決も含まれます。

児童虐待に学童保育が果たせる役割として注目すべき動きがありました。厚労省に置かれた専門委員会が二〇二三年(令和五年)三月二八日付で取りまとめた「放課後児童クラブ・児童館等の課題と施策の方向性」(社会保障審議会児童部会放課後児童対策に関する専門委員会とりまとめ)に次のような文言があったのです。

「こどもの放課後は安全・安心な時間や空間が確保されなくてはならない。専門委員会の議論中に保育所等におけるこどもへの虐待等について報道があった。放課後施策においても、この種の事案の発生防止に努めているところであるが、改めて注意を喚起する等の取組が期待される。あわせて、放課後のこどもたちが過ごす場におけるこの種の事案や事故等の情報収集、再発防止のための取組、放課後のこどもに関わる者の資質向上に向けた研修および労働環境の整備等が継続されることが求められる」

この文言から、

「現在の放課後児童クラブの職員は資質が低く、児童虐待防止への意識も取り組みも不十分。早急に改善するべきだ」

という専門委員会の本音を聞いたように思いました。

学童保育によるさまざまな保護者支援

保護者の子育て支援は運営指針に明示されているように放課後児童クラブの役割ですが、現状は職員の不足や大規模化の進行により、子どもの育成支援で手一杯の状態です。

保護者のほうも、以前と比べて学童保育所の運営にかかわる必然性は弱まり、多くの保護者が制度の設置運営者から制度の利用者へと大きく変わりました。つまり保護者の多くは〝お客様〟なのです。

このような状況では、学童保育所の職員が保護者の子育てにかかわろうとしてもなかなかできるものではありません。保護者もまた自分たちの子育てに第三者がかかわることは望みません。

振り返ってみれば、今の子育て世帯の保護者の子ども時代(一九九〇年代以降)にはすでに地域コミュニティが機能しなくなっていました。保護者自身が地域とのかかわりの中で過ごした経験が少なく、誰かに頼る・頼られる経験を重ねることなく親になった世代です。そのような保護者たちは、地域に知り合いが少なく知り合いを増やす方法もわからない、あるいは多忙でそんな時間がとれない――という理由で孤立している人が多いのです。そんな孤立せざるを得ない状況の中で一人で子育てをすることを最近「孤育て」と呼ぶこともあります。

6　子どもの貧困対策で果たすべき役割

一一・五パーセントの子ども貧困率

専門委員会の報告に記された「こどもの貧困対策の観点からも放課後児童クラブの機能拡充が期待される」という一文は、「こどもまんなか社会」における学童保育のあり方を提示しています。学童保育業界はこの提言をどれだけ真剣に受け止めているでしょう。

学童保育所にはさまざまな状況にある家庭の子どもが入所します。富裕層の世帯の子どもも困窮している世帯の子どもも一緒に入所して日々同じ場所で過ごします。厚労省が二〇二三年(令和五年)七月に公表した二〇二二年(令和四年)度「国民生活基礎調査」の概況によると、一七歳以下の「子どもの貧困率」は一一・五パーセントです。これは前回の調査の二〇一八年(平成三〇年)度と比べ二・五ポイント減ってはいるものの、決して低い値ではありません。しかも調査時点から現在まで、食品や電気料金、ガソリン代など物価の上昇が続いています。

学童保育所の運営事業者や職員は、職務上個々の世帯の経済状況を知ることができます。誤解を恐れずに言えば、その〝特権〟を職員は積極的に活用するべきだと私は思うのです。とりわけ貧困状態の家庭の子どもを苦しめる食の困窮と教育を受ける機会の喪失に対しては、学童保育所が積極的に果たせる役割があるはずです。

教育を受ける機会の喪失

貧困世帯の子どもの多くは、自宅で落ち着いて勉強できない環境に置かれがちです。もちろん、所得の多寡にかかわらず自宅であまり勉強はしないという家庭もあるでしょうが、一般的に、貧困世帯の子どもは、親がダブルワークや生活習慣上の問題によって子どもに勉強を促すことができなかったり、子どもの勉強に関心を持てなかったりして、子どもの学習機会が少ない傾向にあります。社会問題にもなっている「ヤングケアラー」として家事や家族の介護・看護に向き合う子どももいます。そうした子どもたちへの学習機会の提供を学童保育所では積極的に行うべきです。

あくまで「育成支援」を学童保育所の柱として運営してきた運営事業者の中には、そうした考え方は受け入れがたいと感じるところもあるでしょう。育成支援を重視する学童保育所ほど、「ウチでは登所時間中は遊びと生活習慣を確立することに重きを置いています。親子の関係を深めるためにも、勉強は家庭で行ってください」という考え方を持っています。

しかし、「親子の時間」を持てない子育て世帯が増えていることを学童保育関係者はもっと知るべきだと私は思います。経済的なことだけが理由とは限らず、「子育てに意欲がわかず、どうしたらいいかわからない」という保護者もいます。ずっと自分のスマートフォンを見つめて子どもにかかわらないような保護者もいます。そのような家庭の子どもは、自宅で勉強する時間を確保することが難しいのです。第7章で紹介した「あさまる児童くらぶ」の取り組みはそうした意味でも学童保育所のあるべき姿を体現している一例だと思います。

7　子どもの人権を守る砦として

子どもの人権を守る最後の砦

私は以前、学童保育所の運営事業者の代表理事を務めていました。その頃、私がよく職員に言っていた言葉があります。

「学童は、子どもの人権を守る砦であるべきだ」

個々の児童に目を向けられなくなっている現在の学校よりも、子どもの安全に配慮できなくなった地域コミュニティよりも、学童保育所は早く的確にいじめや虐待など、子どもの置かれている状況を知ることができるからです。

学童保育所に入所している子どもに限りません。学童保育所の職員が校庭や公園で学童の子どもたちを遊ばせていれば、目的もなくふらふらとしている地域の子どもを見つけることができます。日曜日や祝日の早朝から、学童保育所に入所している子どもの自宅の玄関チャイムを鳴らして居場所を求めるネグレクト状態の子どもの存在も知ることができます。

そうした意味で学童保育は、社会資源だと言えます。

また、児童館は学童保育所と比べると数がずっと少ないですが、子ども支援の専門家が配置された児童福祉施設ですから、法令での位置づけは学童保育よりもはるかに強固です。児童館を地域の子育て支援センターとして拠点化し、地域の学童保育所と連携することでネットワークを構築して、きめ細やかな児童福祉サービス、子育て支援サービスを行う社会資源として活用するべきでしょう。

「学童保育」という呼び方を変える

児童館を地域の子育て支援センターとすると同時に、これまで学童保育が果たしてきた役割を今後より高めていくために、「学童保育」という言葉そのものを変えていく必要もあります。今の「学童保育」という名称では、その活動分野・内容を的確に表現できていないと思うからです。一般に「学童保育」という名称は「小学生が放課後などに過ごす場所」というふうに使われ、定着しています。児童虐待や不登校、貧困世帯への対応、孤立する一方の保護者支援なども含めて、子どもにかかわる総合的な支援・援助を行う場所であることを考えると、学童保育という言葉の意味するところの範囲が狭すぎます。

ではどのような名称が適切なのか――。いろいろ考えられますが、私は個々の施設名は単純に「○○児童支援クラブ」として、地域ごとに設ける基幹のクラブ（各地の児童館が担う）を「地域児童育成・子育て支援センター」としてはどうかと思っています。

現実的には極めて困難かもしれませんが、いまひとつその仕組みが社会に理解されていない「学童保育」というシステムを周知させ、必要に応じて利用できる開かれたシステムにするために、その名称を実情に即した「地域児童育成・子育て支援センター」という名称にしたいのです。それには学童保育に携わる人々が率先して〝旗〟を振り、声を上げていくべきだと私は思います。

学童保育が担うさまざまな役割の重要性が社会にしっかりと認識されたとき、学童保育の世界はその宿痾《しゅくあ》とも言うべき低賃金問題からも解放されるのでしょう。

「それほど大事な施設で働く職員が、そんなに安い賃金で働いていてはおかしい」と社会全体が近い将来、必ずや学童保育にかかわる人たちを支持し応援してくれるはずです。

その日が来ることを、私は確信しています。

あとがき

私は「学童バカ」を自認しています。それは、勤めていた新聞社を辞めて学童保育所を運営する非営利法人の役員に身を投じようとしたとき、知人に「すごいバカだね」と言われたことがきっかけでした。

その知人はこう続けました。

「でも、世の中を動かすのは、そんなバカだよね」

それからわずか十数年ですが、飛び込んだ学童保育の世界で、多くの信じられない出来事を目の当たりにしました。楽しいこともありましたが、つらく悲しいことのほうがはるかに多かったように思います。学童保育が置かれている状況は、あまりにも過酷でした。

「なぜこんなにも過酷な状況なのだろうか」と考え続け、「学童保育のことが社会に知られていないからだと」いう結論に至りました。


この本は、学童バカが実際に体験したことを書いた「学童保育の解説書」です。同時に、オモテには決して出てこない学童保育業界の問題点に触れた「暴露本」でもあります。

私は、自分の子どもが学童保育所に入所した二〇〇九年に初めて「学童保育の世界」に出会いました。それまでは新聞記者であったにもかかわらず恥ずかしながらその存在も仕組みもまったく知りませんでした。新聞記者として働く生活を学童保育に支えてもらいながら私は、学童保育とそこで働く人たちのことを知っていきました。子ども一人ひとり、保護者一人ひとりに丁寧にかかわっていこうとする彼らの熱意に触れました。

そうこうしているうちに、縁あって夫婦で学童保育の保護者会会長を務めることになり、学童保育職員たちの賃金の問題、「放課後児童クラブ」という制度の仕組みや課題などもわかってきました。「これほどまでに子どもの育ちにかかわり、子育て中の親の支援もする大事な仕事なのに、なぜ給料がとんでもなく安いのか？」。疑問がどんどん湧いてきました。

賃金だけではありません。ひどい人手不足で多くの職員が満足に休みも取れなかったり待機児童がなかなか減らなかったりする状況など、学童の世界は問題だらけ。社会できちんと理解されていないにもかかわらず社会からのニーズは増すばかりの学童保育所。このままでは、学童で働く人たちはみな潰れてしまいます。

私は私のできる範囲で、学童保育のあらゆる面での質的向上に努めてきましたが、めざすべきところはまだまだ先にある――と、学童バカの私は、それまで経営に携わっていた非営利法人の学童保育を辞めて、今度は学童保育の運営アドバイザーとなることを決意しました。運営事業者の端くれだった者として、学童保育の世界で働く人が困ったり苦しんでいたりする状況を少しでもよくしたいと思ったのです。また、保護者として学童保育を利用した立場でもあったので、子育て世帯の保護者が学童保育をもっと気軽に利用して、生活をよりよくできるよう手助けしたいと思ったのです。それは間違いなく子どもの最善の利益を保障することにつながる――と確信したからです。

この本は、そんな学童バカの思いに共鳴してくださった方々のご協力によって形になりました。

取材に快く応じてくださった「あさまる児童くらぶ」の中西龍也さん・いづみさんご夫妻、「イルカ共同保育所」の佐藤直子さんには感謝の気持ちでいっぱいです。ありがとうございました。

また、「あい和学童クラブ運営法人」の設立メンバーに加わってくれた大事な仲間の石田真理さんと森久幸さんには、法人運営から本書執筆に至るまで、私がくじけそうになったときにいつも励ましていただきました。そして学童の本を出版したいという私の夢に具体的な助言を数多く与えてくださった『夕刊フジ』の元同僚記者の冨安京子さんがいなかったら、本書は完成しなかったでしょう。頼りになる仲間に支えられ、なんとかここまでたどり着きました。

寿郎社の土肥寿郎さんには原稿のアドバイスから出版にいたるまですべてにおいてお世話になりました。私の夢をかなえてくださったことに心より感謝を申し上げます。

わき目も降らず執筆していた私を支えてくれた妻と息子、そうして出来上がった本書を手に取りお読みくださった皆様にも心より感謝を申し上げたいと思います。

最後に、今この瞬間にも、子どもと保護者の権利を守るために奮闘している全国各地の放課後児童クラブ・学童保育関係者の方々にエールを送りたいと思います。近い将来、学童保育で働く人が、何の不安もなく人生設計を立てられ、「この仕事に就いて良かった」と実感できる日が来ることを信じて、私も微力ながら運営支援の仕事を続けていく覚悟です。ともにがんばりましょう。

萩原和也

二〇二四年五月

萩原和也（はぎわら・かずや）

1970年、東京都生まれ。中央大学法学部卒。

産経新聞記者を経て、2011～22年、NPO法人あげお学童クラブの会代表理事等、運営事業者として学童保育所の運営に携わる。

2019～21年、埼玉県学童保育連絡協議会の副会長を務める。

2023年、日本で唯一の学童保育所の運営支援を行う非営利法人「あい和学童クラブ運営法人」を設立。現在、学童保育運営支援アドバイザー。

あい和学童クラブ運営法人のサイト：https://aiwagakudou.com/

知《し》られざる〈学童保育《がくどうほいく》〉の世界《せかい》
――問題《もんだい》だらけの〝社会《しゃかい》インフラ〟

発　行　2024年7月20日　初版第1刷
著　者　萩原和也
発行者　土肥寿郎
発行所　有限会社 寿郎社
〒060-0807　札幌市北区北7条西2丁目 37山京ビル
電話011-708-8565　FAX011-708-8566
E-mail info@jurousha.com　URL https://www.jurousha.com/
郵便振替 02730-3-10602
組　版　株式会社木元省美堂
印刷・製本　モリモト印刷株式会社
装　幀　薄木半紙
＊落丁・乱丁はお取り替えいたします。
＊紙での読書が難しい方やそのような方の読書をサポートしている個人・団体の方には、必要に応じて本書のテキストデータをお送りいたしますので、発行所までご連絡ください。
ISBN978-4-909281-60-9　C0036